보는
텍스트,
읽는
이미지

사이 시리즈 02 | 텍스트와 이미지 사이
보는 텍스트, 읽는 이미지

초판1쇄 펴냄 2012년 03월 30일
초판4쇄 펴냄 2024년 03월 19일

지은이 조윤경
펴낸이 유재건
펴낸곳 (주)그린비출판사
주소 서울시 마포구 와우산로 180, 4층
대표전화 02-702-2717 | 팩스 02-703-0272
홈페이지 www.greenbee.co.kr
원고투고 및 문의 editor@greenbee.co.kr

편집 이진희, 구세주, 송예진 | 디자인 이은솔, 박예은
마케팅 육소연 | 물류유통 류경희 | 경영관리 이선희

저작권법에 의하여 한국 내에서 보호를 받는 저작물이므로 무단전재와 무단복제를 금합니다.
책값은 뒤표지에 있습니다. 잘못 만들어진 책은 구입처에서 바꿔 드립니다.

ISBN 978-89-7682-376-2 03600

이 서적 내에 사용된 일부 작품은 SACK를 통해 ADAGP, Succession Picasso와 저작권 계약을 맺은 것입니다.
저작권법에 의하여 한국 내에서 보호를 받는 저작물이므로 무단 전재 및 복제를 금합니다.

ⓒ André Masson / ADAGP, Paris - SACK, Seoul, 2012. ⓒ Successió Miró - ADAGP, Paris, 2012. ⓒ Man Ray Trust / ADAGP, Paris - SACK, Seoul, 2012. ⓒ Succession Marcel Duchamp / ADAGP, Paris, 2012. ⓒ Raymon Savignac / ADAGP, Paris - SACK, Seoul, 2012. ⓒ René Magritte / ADAGP, Paris - SACK, Seoul, 2012. ⓒ Valentine Hugo / ADAGP, Paris - SACK, Seoul, 2012. ⓒ 2012 - Succession Pablo Picasso - SACK (Korea)

독자의 학문사변행學問思辨行을 돕는 든든한 가이드 _(주)그린비출판사

이 저서는 2007년도 정부재원(교육과학기술부 학술연구조성사업비)으로한국연구재단의 지원을 받아 연구되었음 (NRF-2007-361-AL0045).

사이 시리즈
02

텍스트와 이미지 사이

보는 텍스트, 읽는 이미지

조윤경 지음

그린비

머리말

육지와 바다의 경계 공간에 뻘이 쌓여 있는 갯벌이 있다. 그리고 바다와 강의 사이에 늪과 습지의 공간이 있다. 무수한 생명들이 거기에 깃들어 새끼를 키우고 파닥이며 살아간다. 수만 리 바다를 헤엄쳐 와서 강과 냇물을 거슬러 오르는 연어는 냇물의 돌 틈 공간에 알을 낳는다. 그리고 거북이는 해변의 모래 깊숙이 알을 낳는다. 틈새 공간에 생명이 깃드는 것이다.

하늘과 땅 사이, 바다와 육지 사이, 나와 타자 사이, 나와 또 다른 나 사이에 있는 접경지대는 이질적인 것을 연결하고 인간과 세계를 이어 주는 매개항의 장소이다. 관념과 구체, 이성과 광기, 현실과 비현실, 의식과 무의식의 접경지대에 샘이 고인다. 그 샘물이 모든 생명을 적시고 키운다. 그 샘물을 길어 올려 사람들은 물을 마시고 밥을 짓고 빵을 만든다. 중간, 사이, 틈새의 장소에 서 봐야 비로소 일상적인 것과 초월적인 것, 성聖과 속俗을 아우르는 생명의 소리를 들을 수 있다.

이 책은 텍스트와 이미지, 언어와 형상, 읽는 것과 보는 것이 서로의 속성을 바꾸면서 그 경계를 모호하게 흐리는 오늘날의 문화 현상의 의미를 짚어 보고자 한다. 오늘날의 '텍스트이미지'textimage는 어디에서 비롯되는가. 그것이 재구성하는 결과물을 통해 과거 및 현대 문화를 이해하게 해주는 요소는 무엇인가. 삽화 시집, 광고포스터, 필름과 몸에 새겨진 글씨, 캘리그램, 아트북 등이 제시하는 '보는 텍스트'와 '읽는 이미지'들은 기존의 읽고 보는 방식을 어떻게 바꾸고 있는가. 언어와 이미지의 혼종의 영역에서 언어가 다른 미디어, 다른 테크놀로지, 그리고 다른 문화적 인공물들과 어떻게 상호작용하는가.

이 책은 이러한 질문들에 대한 해답을 제시하면서, 글은 쓰는 것이고 그림은 그리는 것이라는 통념을 넘어 문자언어와 이미지언어의 '사이'에서 벌어지는 풍요로움을 탐색하고자 한다. 그리하여 텍스트가 이미지의 성격을 규정하고 의미를 제한하는 것이 아니라 오히려 그 가능성을 확장하는 경우를 다루고자 한다. 그것은 텍스트와 이미지의 경쟁·역전·공모·상보성·차이·유사성·인접성의 관계에서 벌어지는 풍요로움이며, 텍스트와 이미지를 따로 연구했을 때와는 다른 시각으로 이들을 바라본다는 의미를 갖는다. 이를 통해 이 책은 '가독성'의 문제를 비롯해서 언어시각적인 경쟁과 공모가 작동시키는 '(창조적) 오독'의 가능성 등을 포함한 현대 문화의 언어시각적 문해력literacy에 대해 생각해 보고자 한다.

이미지와 텍스트라는 두 기호학적 체제의 위상은 분명히 다르다. 보는 이미지는 사진·그림·도표·지도·모형 등의 형태로 제시되면서 유추적·연속적·동시적·유연有緣적 관계를 갖는다. 재현된 사물과의 유사 관계로 대부분 작용하며 관객에 의해 '인지'되기를 요구한다. 반면 읽는 텍스트는 은유와 직유의 형태로 제시되면서 은밀한 기호들로 구성되어 선조線條적·불연속적·자의적인 특징을 갖는다. 구조의 내적 차별화 작용에 의해 기능하며 독자에 의해 '이해'되기를 요구한다.

이미지는 그것과 유사 관계를 맺는 다른 것을 그림·데생·조각·사진·영화·비디오 등에 의해 재현하는 평면적인 혹은 삼차원적인 대상이다. 반면 텍스트는 의사소통 단위를 형성하는 구어 혹은 글로 쓰여진 언어학적인 연쇄이다(Vouilloux, "Texte et image ou verbal et visuel?"). 하지만 실상 이미지와 텍스트는 역사적·문화적·언어적·이데올로기적으로 끊임없는 공존과 교환, 그리고 융합을 모색해 왔다. 이미지가 읽을 수 있는 것이 되고, 텍스트가 볼 수 있는 것이 되고자 하는 시도들을 우리는 어렵지 않게 찾아볼 수 있다. 마르틴 졸리Martin Joly에 의하면, "이미지도 하나의 언어이며, 특별하고 이질적인 언어이다. …… 이미지는 현실세계와 구별되고, 특별한 기호 수단을 통해 필연적으로 방향성을 지니고 선택된 표상을 제시한다"(Joly, *Introduction à l'analyse de l'image*, p.39).

시각 이미지뿐 아니라 언어 또한 이미지를 갖고 있다. 은유와 직유 등을 사용하는 문학 이미지는 쓰여진 텍스트의 선조성을 극복하고 동시성을 담지한 '보는 이미지'로 향해 간다. 필립 아몽Philippe Hamon에 의하면 "실재 세계에서 동떨어진 두 현실들을 '함께' 위치시킴으로써, 주변 텍스트에 의해 잠정적인 시간의 흐름을 지탱하는 모든 동사를 제거함으로써, 텍스트의 의미론 속에 '속도'를 부여함으로써, 은유는 동시성의 효과, 공간에서의 연결성의 효과를 가져오며, 바로 이런 점이 보는 이미지가 초래하는 효과와 근접한다"(Hamon, *Imageries: littérature et image au XIXe siècle*, p.278). 또한 언어의 수사법 중 '활사법'ekphrasis은 하나의 대상, 특히 예술적 대상에 대한 상세한 묘사를 통해 묘사한 대상을 눈에 그려지도록 하는 것을 목표로 한다. 즉 언어는 이미지와 겨루고자 하는 것이다.

배제와 결합이라는 종래의 극단적인 관계를 넘어, 언어적 이미지와 형상적 이미지가 갖고 있는 이러한 상보성은 시적 텍스트와 회화적 텍스트 간의 관계를 탐구하는 현대의 연구자들이 집중적으로 조명해 내려는 주제이다. 텍스트와 이미지의 상호 관계에 대한 연구들은 1950년대 중반 텍스트 이론가들에 의해 본격화되었다. 롤랑 바르트Roland Barthes는 "회화는 언어체인가?"라는 질문의 해답으로 "이미지는 선험적인 구조를 가지고 있는 것이 아니라, 그 이미지가 체계인 텍스트적인 구조를 가지고 있다"라는 장 루이 셰페르의 말을 인용하면서, 회화와 텍스트를 제도적으로 갈라놓는 간격을 없앨 것을 주장한다. 예술 사이의 순환을 통해 회화는 문학으로의 길을, 문학은 회화로의 길을 열 수 있다고 지적하는 것이다(바르트, 『이미지와 글쓰기』, 11~15쪽).

마르틴 졸리는 "단어와 이미지, 그것은 의자와 테이블과 같은 것이다. 여러분이 식사하고자 할 때 의자와 테이블이 둘 다 필요하지 않은가?"라는 장 뤽 고다르의 말을 언급하면서, 이미지와 텍스트의 관계를 배제 혹은 교류로 설명하기보다는 상호보완성의 입장에서 접근하고자 하는 시각을 견지한다(Joly, *Introduction à l'analyse de l'image*, pp.101~116; Joly, *L'image et les signes*). 그런데 그녀는 바르트가 정의한 '중계'relais의 기능을 들어, 이미지가 보여 주기 힘든 시간성, 원인성 등을 텍스트가 말할 수 있기 때문에 말이 이미지를 완성한다고 설명하면서 언어 텍스트를 시각 이미지보다 우위에 두고 있다. 텍스트가 이미지를 완성하듯, 이미지 또한 텍스트를 완성할 수 있어야 완전한 상호보완성의 시각이 될 수 있다. 이는 그녀 자신이 '중계'를 설명한 몇 쪽 뒤에서 언급한 "이미지는 부단한 움직임을 통해 단어를 낳고, 단어는 이미지를 낳는다"라는 말로 잘 설명될 수 있다(*Introduction à l'analyse de l'image*, pp.104~106).

텍스트와 이미지의 관계를 이데올로기적 측면에서 접근하는 미첼W. J. T. Mitchell에 의하면 시와 회화 사이에 본질적인 차이는 존재하지 않는다. 시와 회화 간의 우열 논쟁은 문화를 반영하며, 이는 두 종류의 기호 사이의 논쟁이 아니라 육체와 혼, 세계와 정신, 자연과 문화 간의 투쟁이라는 것이다. "텍스트와 이미지, 기호와 상징, 상징과 도상, 환유와 은유, 시니피앙과 시니피에 같은 모든 기호학적 대립물들은 시와 회화의 차이점에 관한 전통적인 비유들을 복권하는 것들이다"(미첼, 『아이코놀로지』, 76쪽).

넬슨 굿맨Nelson Goodman은 『예술의 언어』라는 책을 통해 시와 회화뿐만 아니라 음악과 춤에서부터 건축·각본·지도·다이어그램·

모형에 이르기까지 서로 다른 예술과 상징체계의 영역을 아우른 체계적인 접근을 통해 이미지와 텍스트 간의 차이를 조명하고 있다. 여기서 흥미로운 것은 체계에 따라 글과 이미지의 역할이 바뀔 수도 있다는 그의 지적이다.* 그는 이미지나 텍스트 중 어느 하나가 다른 하나에 일방적인 관계를 강요하는 것이 아님을 강조하고 있다. "그림이 단어를 조명할 수 있듯이, 단어가 그림을 조명할 수 있다. 언어적인 것과 시각적인 것은 서로에게 일방적이지 않다. 그들은 이해의 과정에 함께 참여하며 대등하게 상호작용한다"(Goodman, *Of Mind and Other Matters*, p.173).

한편 이미지와 텍스트의 교환이 불가능하다고 보는 입장도 있다. 로날드 슈스테르만Ronal Shusterman은 책과 시각 이미지가 각각 책의 '조형화', 이미지의 '텍스트화'를 추구하여 예술의 궁극의 목표인 '절대적 융합'의 세계를 지향하고 있지만, 그 완전한 융합이나 다른 장르로의 변신은 불가능함을 언급하고 있다(Shusterman, "Plasticité du livre, textualité de l'image"). 그런데 과연 작가들이 텍스트와 이미지의 '절대적 융합'을 꾀하는 것일까? 즉 텍스트가 이미지가 되고, 이미지가 텍스트가 되려는 노력을 통해, 이들은 텍스트와 이미지의 차이와 간격을 완전히 없애고자 하는 것일까? 실상은 절대

---

* 굿맨은 "한 체계 안에서의 그림은 다른 체계에서는 서술이 될 수 있다"라고 말한다. 즉 어떤 단락은 곡선 측면을 따라 마치 도시의 스카이라인처럼 읽힐 수 있다. 한 점의 그림에 알파벳 문자들이 가득 찰 수도 있으며, 위에서 아래로 향하는 일련의 연속된 이야기 속에서 왼쪽에서 오른쪽으로 읽도록 구성될 수도 있다(Goodman, *Languages of Art*, p.226).

적으로 다른 장르로 완전히 변신할 수 없다는 사실, 절대적 융합이 불가능하고 그 간극이 있다는 사실 때문에, 작가들과 예술가들의 상상력과 작품이 더 깊어지고 확장되며, 텍스트와 이미지의 본질이 더 풍요로워지는 것은 아닐까? 즉 다른 장르로 지향해 나가면서 하나로 규정되었던 장르가 다원적인 정체성으로 열리고 확대되는 것은 아닐까? 이미지와 텍스트의 교환·공존·융합에 대한 연구는 서로 다른 유형의 기호들이 갖는 모든 근본적 차이를 제거하기 위함이 아니라, 오히려 그 차이를 인식하고 교류함으로써 얻는 새로운 상상력을 살펴보기 위함일 것이다.

* * *

이러한 문제의식하에 이 책의 1장 「시인의 그림과 화가의 시」에서는 화가가 언어를 이미지로 변형하여 '읽을 수 있는 그림'을 그리고, 시인이 시를 이미지로 만들어 '볼 수 있는 시'를 쓰는 교환의 예들을 살펴본다. 이를 통해 '볼 수 있는' 시는 관습화된 언어를 배격하고, 기표와 형상의 유희를 통해 언어가 가진 무의식적인 리듬과 음악성을 발견하여 언어의 가능성을 극대화시킴을 알 수 있다. 또한 '읽을 수 있는' 그림은 '형상'의 가시성을 넘어서서 언어가 가지는 기표/기의의 유희성을 부여받으며, 그림·글·현실이 빚어 내는 무수한 관계의 조합을 통해 다형태와 다의미성을 탐구하는 길을 열어 놓고 있음을 알 수 있다.

   2장 「시와 삽화, 그 '겹의 언어'」에서는 시에 곁들여진 것으로 간주되곤 하는 삽화가 사실은 시 텍스트의 내용을 한정 짓는 것이 아니라 오히려 그것과 어우러져 상상력을 상승시키는 데 중요한 몫을 담당하고 있음을 밝힌다. 특히 수많은 삽화 시집 작업을 한 초현실주의자들이 사용한 시적 기법인 '은유'와 회화 기법인 '이중 이미지'에 주목하면서 이를 '겹의 언어'라 지칭하고자 한다. 겹의 언어란 볼 수 없는 세계를 가시화하면서 읽을 수 있는 것과 볼 수 있는 것의 완벽한 교류를 이끌어 내는 독특한 장치이다. 그 교류는 상상력이 출발하는 지점을 응시하게 할 뿐 아니라, 언어·형상·존재의 표면 및 의식 안쪽에 있는 무의식을 이끌어 낸다.

3장 「광고포스터와 이미지-텍스트」에서는 아돌프 무롱 카상드르Adolphe Mouron Cassandre와 레이몽 사비냑Raymond Savignac의 광고포스터의 경우를 통해 텍스트와 이미지가 어떻게 현실 속에서 현존하면서 동시에 텍스트 속에 이미지를, 이미지 속에 텍스트를 현존시켜 '이미지-텍스트'라는 독자적인 세계를 만들어 내는가에 주목한다. 카상드르는 이미지가 텍스트에서 출발하며, 언어에는 이미지로서의 원초적인 힘이 들어 있다는 사실을 보여 준다. 사비냑은 명료하고 간결한 이미지와 텍스트 속에 애매함의 간극을 집어넣어 포스터가 다의적으로 해석될 수 있는 길을 제시한다. 카상드르와 사비냑은 광고포스터를 통해 상품이 아니라 사물과 인간과 세계 자체를 응시하게 하고, 기존에 있었던 세계를 다르게 보게 한다.

4장 「영화 속 매체화된 몸과 에로스의 글쓰기」는 피터 그리너웨이Peter Greenaway 감독의 1996년작 영화 「필로우북」Pillow Book에 나타나는 세 가지 글쓰기, 즉 종이 위의 글쓰기, 필름 위의 글쓰기, 몸 위의 글쓰기 방식에 주목한다. 이 영화는 다중 프레임과 무의식적인 자아를 비춰 주는 거울, 유동적인 서사 구조를 통해 글씨를 쓰고 읽는 방향성, 작가와 매체와 독자의 관계, 장·절의 구분과 의미, 프레임의 역할과 영화의 서사성, 몸의 감각과 의미 등을 세밀하게 질문하고 있다. 또한 몸을 통해 육화된 글과 영상은 인간의 마음과 관능, 무의식을 읽고 쓰는 새로운 문해력을 제시하면서 관객으로 하여금 세상을 보고 읽어 내는 새로운 방식, 새로운 이데올로기가 무엇인지를 다각도로 사유하게 한다.

5장 「캘리그램과 문자·시각언어 구사력」에서는 텍스트를 이미지화하여 새로운 현대 시 장르를 개척한 시인 기욤 아폴리네르Guillaume Apollinaire의 캘리그램을 분석함으로써 '문자·시각언어 구사력'의 문제를 사유하고 있다. 독자가 캘리그램을 읽는 행위는 글자의 크기·형태·배치·간격이라는 지표에 주목하면서 시인이 다양한 방향으로 만들어 놓은 길을 찾아가야 하는 일종의 지형학적 모험이 된다. 읽은 내용은 전체적인 형상을 새롭게 보는 데 영향을 미치게 되며, 이로써 보기와 읽기는 상호작용하면서 역동적인 독서를 만들어 낸다. 즉 캘리그램은 선조적, 담론적, 메시지 분석적 독서에서 벗어나 소리·그림·의미의 통합적 독서를 요구한다. 이를 통해 아폴리네르는 언어와 시각이 융합된 현대의 문화 텍스트를 읽어 낼 수 있는 새로운 독법을 시사하고 있다.

6장 「통합적 예술 매체로서의 책」에서는 책이 활자 문화의 산물이라는 독점적인 사고방식에서 탈피했을 때, 그것이 가질 수 있는 다양한 잠재성을 탐색한다. 이를 위해 북아트·설치·영화·애니메이션 등의 선구자로 알려진 마르셀 뒤샹Marcel Duchamp의 예술 행위 전반을 관통하는 중심에 '매체로서의 책'의 개념과 형태에 대한 새로운 질문이 들어 있다는 점에 주목하고자 한다. 오늘날은 종이책만 있는 것이 아니라 종이책의 형태를 완전히 파괴하지 않으면서도 전자 테크놀로지를 가미하여 보고 듣고 만질 수 있게 만들어진 '멀티북', 인터넷을 매개로 하는 '전자책'e-book이 공존한다. 이런 시각으로 볼 때, 코덱스나 종이에서 벗어나 있지만 매뉴얼처럼 기능하는 책, 사운드 및 텍스트의 유희와 시각적 유희를 통해 메시지를 만들어 내고, 관람자의 참여를 유도한 뒤샹의 기계들이 책의 미래를 향해 시사하는 바는 크다고 생각된다.

이 책은 2005년부터 현재까지 이미지와 텍스트의 관계에 대해 사유하고 글을 써 온 것들을 발전시켜 새롭게 생각하고 집약한 결과물이다.「언어와 형상의 전이와 확장: 초현실주의 작품을 중심으로」(『한국프랑스학논집』 49집, 2005년 2월),「보는 텍스트, 읽는 이미지: 카상드르, 사비냑의 광고포스터를 중심으로」(『프랑스학연구』 42권, 2007년 11월),「통합적 예술 매체로서의 책: 마르셀 뒤샹의 매체 실험을 중심으로」(『프랑스문화예술연구』 24집, 2008년 5월),「매체로서의 몸과 에로스의 글쓰기: 피터 그리너웨이의 「필로우북」을 중심으로」(『기호학연구』 23권, 2008년 8월),「언어시각적 리터러시 연구: 아폴리네르의 『칼리그람』을 중심으로」(『외국문학연구』 34호, 2009년 5월) 등을 토대로 재구성한 것임을 밝힌다.

    늘 내게 힘을 주는 사랑하는 가족들과 이 책을 기획·출판하기 위해 함께 애쓴 이화인문과학원 원장님 및 동료들, 그린비출판사 편집진들께 감사의 마음을 전한다.

2012년 3월

조윤경

차례

머리말 5

1장 · 시인의 그림과 화가의 시 20
  1. 언어와 형상의 경계 공간 20
  2. '읽을 수 있는' 그림 23
  3. '볼 수 있는' 시 35
  4. 탈경계적 상상력을 향하여 43

2장 · 시와 삽화, 그 '겹의 언어' 46
  1. 삽화, 책을 비추는 등불 46
  2. 시에서 출발한 삽화 51
  3. 삽화에서 출발한 시 57

3장 · 광고포스터와 이미지-텍스트 63
  1. 이미지와 텍스트의 상승효과 63
  2. 타이포그래피 아트와 시·공간의 모자이크: 카상드르 67
  3. 시각적 개그와 이미지의 수사학: 사비냑 75
  4. 세계를 다르게 보게 하는 법, 사물을 존중하는 법 87

4장 • 영화 속 매체화된 몸과 에로스의 글쓰기 90
  1. 몸·책·영화의 동일화 90
  2. 종이·살갗·필름의 은유와 '몸의 언어' 91
  3. 다중 프레임과 탈서사성 99
  4. 관능적 기호와 에로스의 글쓰기 109
  5. 예술과 사랑의 합일 114

5장 • 캘리그램과 문자·시각언어 구사력 117
  1. 형상시의 유희성과 다성성 117
  2. 보기와 읽기의 교차적 상상력 120
  3. 아폴리네르의 캘리그램과 문자·시각언어 구사력 126
  4. 멀티미디어 시대의 능동적 독서 151

6장 • 통합적 예술 매체로서의 책 156
  1. 종이책과 전자책의 사이 156
  2. '대화하는 책'과 책의 혁명 160
  3. 책의 매체성과 뒤샹의 실험 167
  4. 이미지와 텍스트의 역동적 교류 174
  5. 묶임과 열림의 변주와 책의 가능성 186

참고문헌 190 | 더 읽을 책 194 | 찾아보기 196

| 일러두기 |

1 인용 출처의 상세 서지사항은 권말의 '참고문헌'에 모아 두었다.
2 단행본·정기간행물에는 겹낫표(『 』)를, 논문·단편·시·그림·영화 등에는 낫표(「 」)를 사용했다.
3 외국 인명이나 지명, 작품명은 2002년 국립국어원에서 펴낸 외래어표기법을 따랐다.

보는
텍스트,
읽는
이미지

# [1장]
시인의 그림과 화가의 시

1. 언어와 형상의 경계 공간

동서양을 막론하고 예로부터 시인들은 회화적인 요소를, 화가들은 언어적인 요소를 꿈꾸어 왔다. 동양에는 그림 속에 시가 있고 시 안에 그림이 담겼다는[畵中有詩 詩中有畵] '시화상합론'詩畵相合論이 있었고, 서양에는 호라티우스의 시학 '시는 회화와 같이'ut pictura poesis와 르네상스 이탈리아 회화론의 '회화는 시와 같이'ut poesis pictura가 있어서 글과 그림이 하나이며 같은 것이라는 예술론의 근간이 되어 왔다. 시와 그림은 표현과 수단과 방식에 있어서 차이가 있는 것이지 내용과 목적에 있어서는 거의 일치하고 있다는 주장은 동일하지만, 양자의 관계가 의미하는 바는 시대에 따라 좀더 복합적이고 상이하게 나타난다.

플라톤은 영감에서 나오는 시와 장인적인 시를 구분하면서, 감각적 현실의 복제품에 불과하다고 여긴 후자를 시각예술과 가깝게

분류했다. 이러한 고급/저급의 시 구분을 거부한 아리스토텔레스는 오히려 영감에 의한 비합리적 활동으로 여겨졌던 시를 회화와 같이 모방의 기술로서 예술의 한 활동으로 이해시키고자 했다. 이를 이어받아 르네상스 예술가들은 시각예술이 시의 독점적 영역으로 치부되어 온 높은 경지에 도달할 수 있다고 믿었다. 바로크 시대는 회화를 시에 더 가까이 접근시켰고, '시는 회화와 같이'라는 호라티우스의 문구가 당대의 표어가 되었다. 그러자 시와 회화의 유사성을 넘어 시는 회화를 모범으로 삼아야 한다는 주장까지 제기되었다. 이렇게 18세기에 이르기까지 시와 그림은 주종 관계를 바꾸어 가면서 각 시대의 기준에 따라 주가 되는 것으로의 동일화를 이뤄 왔다. 시가 그림보다 혹은 그림이 시보다 우월한 관계로 간주된 역학 관계에는 자연의 모방이라는 대원칙을 어떤 것이 더 잘 구현할 수 있는가라는 재현의 법칙이 기준이 되어 왔다.

낭만주의 시기에 이르러 시와 회화의 관계보다는 시와 음악의 평행 관계가 강조되었고, 나아가 "무엇보다 시는 음악이기를" 바라는 상징주의 시학이 정립된다. 시와 그림, 언어와 형상이 단순한 주종 관계를 넘어 본격적인 공모 관계를 이루게 된 것은 20세기 초반 입체파 및 미래파 화가들과 시인 피에르 르베르디Pierre Reverdy, 기욤 아폴리네르Guillaume Apollinaire의 만남, 그리고 이를 계승하여 시인과 화가들의 공동 작업이 활발했던 다다이즘과 초현실주의부터이다. 음악과의 연관 속에서 시는 비물질적이고 추상적인 음의 속성과 동일화되지만, 미술과 동맹을 맺은 시인들은 시각을 시적 현실의 주된 방향으로 삼고, 가능하면 그들의 시가 가장 즉각적이고 구체적이 되고자 한다. 또한 시와 동맹을 맺은 화가들은 시가 이미 오래전에 외면했던 표면적인 현실의 재현을 거부한다.

시와 그림은 서로 독자적인 매체이면서, 동시에 끊임없이 상호 의존적인 매체이기도 하다. 언어의 단위로 그림의 요소를 분석할 수 없으며, 그림에서는 앙드레 마르티네André Martinet가 인간 언어의 특수성을 변별해 내는 요소로 내세운 이중분절을 찾아볼 수 없다. 그것은 기본적으로 언어가 연쇄성과 선조성을 특징으로 하며, 그림은 형상화와 구성성을 특징으로 하기 때문이다. 하지만 시와 미술은 공통적으로 서술성보다는 이미지의 환기력이 중시되는 장르이므로, 언어와 형상은 서로 교류하고 결합할 수 있는 공통분모를 가지고 있다. 이때 시와 조형예술이라는 두 매체는 유사성을 지니며, 형상은 언어라는 요소로부터 시의 영역을 확대시켜 주고, 언어는 그 메시지성을 통해 조형예술의 의미를 한층 더 심화시키는 역할을 한다.

초현실주의 시인들과 화가들은 특히 서로 대등한 입장에서 각자의 방식으로 언어와 형상의 전도와 혼합과 공존을 실험한다. 시인들은 회화적 요소의 도입을 통해 읽을 수 있는 시를 넘어서는 '볼 수 있는' 시를 꿈꾸고 있고, 화가들은 언어적 메시지를 도입함으로써 볼 수 있는 그림을 넘어서는 '읽을 수 있는' 그림을 모색하고 있는 듯 보인다. 또한 이들은 기존의 종속적인 의미를 벗어난 삽화 작업을 통해 언어와 형상의 대등한 원리들을 실험하고 있다. 시인들에게 있어 조형예술은, 또한 화가들에게 있어 시는 그들 고유의 상상력을 펼치는

데 중요한 상상력의 근원으로 작용하고 있다.

따라서 여기에서 주목하는 점은 세상에 대한 공통된 비전과 감성을 갖고 이를 독자적인 방법으로 표출하는 초현실주의 시인들과 화가들의 교환과 협동이다. 이들은 어떻게 서로 다른 방식으로 언어와 형상의 공존과 교류를 구체화하고 있는가. 언어는 어떤 방식으로 지금까지 탐사하지 않았던 미지의 영역에 형상을 통해 도달하게 되고, 형상은 언어적인 메시지를 활용하여 새로운 상상력을 펼치고 있는가. 시와 조형예술의 상호 매체적이자 상호 텍스트적인 특성들을 주의 깊게 살펴보면서 이 장르 고유의 이미지들이 어떻게 서로를 자양분 삼아, 혹은 상상력 도약의 틀로 삼아 각자의 영역을 확장해 나가는지를 살펴보자.

2. '읽을 수 있는' 그림

앙드레 마송André Masson, 르네 마그리트René Magritte, 호안 미로Joan Miró는 서로 다른 방법과 의도를 가지고 회화 속에 문자를 도입했다. 이 화가들이 일종의 '읽을 수 있는' 그림을 시도했다면, 시인들은 '볼 수 있는 시'를 꿈꾸었다. 모음에 색채를 부여했던 아르튀르 랭보Arthur Rimbaud, 활자의 배열로 시를 시각화했던 피에르 르베르디와 기욤 아폴리네르, 시에 언어 이외의 요소를 삽입했던 로베르 데스노스Robert Desnos 등이 형상을 시로 전이했던 시인들이다. 각 시인들과 화가들은 언어와 형상의 이러한 전복과 교환을 통해 무엇을 표현

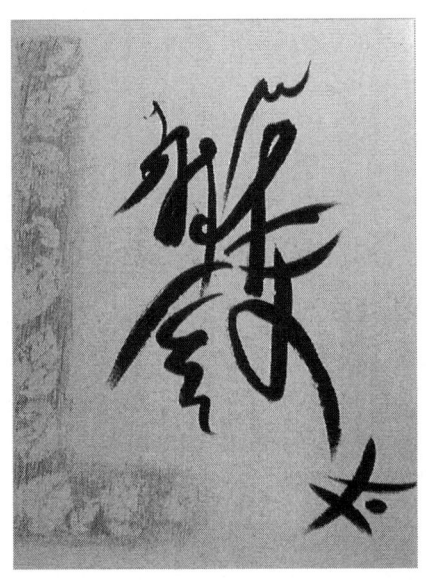

그림 1 마송, 「오월의 전언」(Message de Mai), 1957.

하고자 했으며, 어떤 효과를 거두고자 했을까?

마송은 무의식의 자유로운 표현으로서의 회화를 추구했던 '오토매틱 드로잉'의 선구자이다. 이 화법은 어떠한 의식적인 계획도 배제한 상태에서 손동작의 흔적을 화폭에 남기는 것으로, 연필은 무의식의 지시에 따른 팔의 자유로운 움직임을 기록하게 된다. 서예를 자신만의 회화로 변형시키는 '기호화법'은 이 일련의 실험 중 하나이다(그림 1). 이것은 회화적 텍스트와 중국 표의문자의 텍스트를 넘나들면서 그림의 시각성과 언어적 논리를 결합한 것이다.

프랑스의 비평가 롤랑 바르트가 지적했듯이, 여기서 중요한 것은 중국의 표의문자가 화가에게 단순히 영감을 주는 원천이 아니라는 점이다. 마송은 문자를 선으로 변형시키면서 언어적 메시지를 해체시켜 해독 불가능하게 만든다. 의식의 측면인 시니피에를 배제하고 기호 표현의 측면인 시니피앙만을 취해서 문자에서 무의식적인 충동을 추출해 내는 것이다. 바르트는 이것이 "화가의 진실은 메시지 속에 있는 것이 아니라 힘주어 누르고 획을 긋고 조종되는 손 속에, 즉 고동치는 몸(쾌락을 느끼는 몸) 속에 있는 것"임을 보여 준다고 설명한다(바르트, 『이미지와 글쓰기』, 23쪽). 화가의 몸에는 시각과 움직임이 결합되어 있기 때문에, "화가는 자신의 몸을 세계에 빌려 주면서 세계를 그림으로 변화시킨다"(Merleau-Ponty, *L'Oeil et l'esprit*, p.16)라는 메를로퐁티의 현상학적 사유와 닿아 있다고 할 수 있다. 메시지를 넘어서서 문자 이면의 세계로 침투하는 마송의 그림은 언어의 무의식, 형상의 무의식, 작가의 무의식이 함께 만나는 장이 된다.

마송의 기호화법은 서양에서 전통적으로 우위를 점했던 논리들을 전복한다. 동양의 표의문자는 알파벳 중심의 서양 언어의 우위성에 이의를 제기한다. 또한 문자는 선의 언어로 변환됨으로써 말=이성langue=logos이라는 이성 중심적 사고에서 몸과 무의식의 세계로 전이된다. 마송의 회화는 글자라는 언어 체계를 도입했다는 의미에서 '읽을 수 있는' 그림이라고 볼 수 있다. 하지만 그의 작업들을 자세히 살펴보면 그것은 역설적으로 '읽을 수 없는' 그림이라는 사실을 알 수 있다. 언어의 의미성을 배제하고 기표의 자유를 극대화한 그림을 통해 오히려 시각적 환기력을 더욱 강화하고 있기 때문이다.

마송의 회화가 언어적 메시지를 해체하고 있는 반면, 르네 마그

그림 2 마그리트, 「언어와 이미지」(Les mots et les images), 1929.

리트의 회화에서는 언어적 메시지가 중요한 역할을 한다. 그는 「이미지의 배반」(그림 4)을 비롯한 일련의 작품들에서 끊임없이 언어와 그림의 문제를 탐구하고 있다. 언어와 이미지의 관계에 대한 마그리트의 모색과 성찰은 『초현실주의 혁명』La Révolution surréaliste지에 실린 「언어와 이미지」에서 잘 드러난다(그림 2). 여기에서 마그리트는 글과 그림으로 이뤄진 18개 항목을 통해 대상·언어·이미지의 관계에 대해 다음과 같이 모색하고 있다. 그 내용만을 번역하면 다음과 같다(번호는 필자가 매긴 것이다).

1. 대상은 그 이름과 그다지 관련이 없으므로, 우리는 그것과 더 잘 어울리는 다른 이름을 찾아 줄 수 있다.
2. 이름이 필요 없는 대상들이 있다.
3. 단어는 때로 자신을 지칭하기 위해서만 사용된다.
4. 대상은 자신의 이미지와 만나고, 자신의 이름과 만난다. 이 대상의 이미지와 이름이 서로 만나는 경우도 일어난다.
5. 대상의 이름은 이따금 이미지를 대신한다.
6. 말은 현실에서 대상의 자리를 차지할 수 있다.
7. 이미지는 한 문장에서 단어의 위치를 차지할 수 있다.
8. 대상은 그 뒤에 다른 대상들이 있다는 것을 짐작하게 한다.
9. 모든 것은 대상과 그것을 표상하는 것 사이에 거의 아무런 관계가 없다는 것을 생각하게 한다.
10. 다른 두 대상들을 지칭하는 데 쓰이는 언어들은 이 두 대상들을 구분할 수 있는 것이 무엇인지를 보여 주지 않는다.
11. 한 화폭 속에서 언어는 이미지들과 같은 속성으로 되어 있다.
12. 한 화폭 속에서 이미지들과 언어들은 다르게 보인다.
13. 어떤 형태도 대상의 이미지를 대체할 수 있다.
14. 대상은 결코 그 이름이나 그 이미지와 같은 역할을 하지 않는다.
15. 현실에서 대상들의 가시적인 윤곽들은 모자이크처럼 서로 인접해 있다.
16. 분간하기 어려운 형체들은 명확한 형체들만큼이나 꼭 필요하고 완벽한 의미를 갖고 있다.

17. 이따금씩 그림 속에 적힌 이름들은 뚜렷한 사물들을 지칭하고, 막연한 사물들의 이미지들을 지칭한다.
18. 혹은 그와 반대의 경우다.

이 글은 마그리트 회화 작업의 기제를 잘 보여 주고 있을 뿐 아니라, 대상·언어·이미지 간의 가능한 모든 함수관계를 실험하고 있는 듯 보인다. 이 18개 항목은 언어와 그림의 관계, 대상과 재현의 관계, 대상과 대상의 관계, 말과 말, 그림과 그림의 관계에 대한 성찰을 담고 있다. 마그리트는 그중에서도 언어와 그림의 관계를 가장 본격적으로 다루고 있다. 한 문장에서 단어는 이미지로 치환될 수 있으며, 한 그림에서 선은 알파벳과 병치될 수 있고, 그림과 상관없는 단어와 포개질 수 있다. 즉 언어와 그림은 동등한 위계를 가지고 있으며, 자유롭게 병치되거나 치환될 수 있음을 보여 주고 있는 것이다. 뿐만 아니라 마지막 두 항목에서 구체어와 추상화, 반대로 추상어와 구상화의 병치의 예를 보여 주고 있기도 하다. 이를 통해 그림이 구체적이고 언어가 추상적이라든가, 그림이 재현적이고 언어가 상징적이라는 일반적인 구분에 의문을 제기하고 있다.

「언어와 이미지」에서는 대상과 재현의 관계 또한 중요하게 다뤄진다. 마그리트는 여기에서 대상과 언어, 대상과 이미지가 갖고 있는 자의성, 대상을 언어 또는 이미지로 치환할 수 있는 가능성, 대상/말/이미지의 자의성, 대상을 재현하는 방식의 다형태성들을 탐구하고 있다. 또한 안과 밖, 내면과 외면 사이 경계의 넘나듦을 보여 주면서 대상과 대상의 관계를 연구하고 있으며, 말과 말의 관계가 내포하는 자의성, 구상과 비구상, 대상과 배경의 구분을 넘나드는 그림과 그림의 관계를 탐구하고 있다.

이러한 언어와 그림의 상호 교류와 그 경계에 대한 성찰은 마그리트의 많은 작품 속에 형상화되어 있다. 역시 1929년 『초현실주의 혁명』지에 게재된 한 포토몽타주는 양복을 입고 눈을 감고 있는 초현실주의자들의 증명사진들이 마그리트의 그림을 둘러싸고 있다(그림 3). 윗줄의 "나는 보지 않는다"와 아랫줄의 "숲 속에 숨겨진" 사이에 벌거벗은 여성의 몸 이미지가 단어 대신 적혀 있는 모양새이다. 이것은 앞에서 살펴본 「언어와 이미지」 중 "이미지는 한 문장에서 단어의 위치를 차지할 수 있다"라는 7번 항목을 구체화한다.

마그리트의 그림에서는 틀과 경계가 가시적으로 드러나는 것이 특징인데, 이 포토몽타주에서도 무수히 많은 사각형의 틀이 이미지와 언어, 그림과 사진, 작가와 모델, 남자와 여자, 현실과 상상 등 중층적인 차원의 경계를 시각적으로 노출하고 있으며, 그 경계 간의 자유로운 전이가 가능함을 암시하고 있다. 기존 그림에는 언어가 형상과 분리되어 제목의 방식으로 제시되는 반면, 이 포토몽타주에서는 제목이 사라진 대신 언어가 그림 속의 형상과 융합된다. 즉 형상과 언어가 서로 상보적인 관계를 가지며 공존하게 되는 것이다. "보지 않는다"라는 언술과 사진 속 눈을 감은 초현실주의자들의 이미지는 기존의 표면적인 시각에 대한 거부를 이중으로 강조하고 있으며, 우리는 그들이 보지 않는 이미지인 여성의 그림을 '본다'.

그림 3 마그리트,「나는 숲 속에 숨겨진 [여자]를 보지 않는다」(Je ne vois pas la [femme] cachée dans la forêt), 1929.

현실의 남자들과 상상의 여성, 옷을 잘 차려입은 남성과 벌거벗은 여성의 대비, 눈을 감은 남성들과 "보지 않는다"라는 부정의 문장을 통해, 남성 초현실주의자들은 모델로서의 여성을 외부의 눈으로 바라보고 있는 것이 아니라, 내면의 시선으로 바라보고 있는 것임을 드러내 준다. 이러한 그림은 메를로퐁티의 지적처럼, 외부 사물들의 구성 관계보다는 '내적인 시선' 혹은 '제3의 눈'이 본 흔적들을 제공하며, 현실에서 상상적인 조직을 구성하고 있는 것들을 보여 준다(Merleau-Ponty, *L'Oeil et l'esprit*, p.24). 볼 수 있는 것 이면에는 볼 수 없는 것이 갖는 또 다른 가시성이 있어 그것이 존재와 사물의 깊이를 구성한다. 마그리트에 있어 '보기'와 '읽기'의 협동은 그 깊이에 도달하는 탁월한 방법으로 쓰이고 있다.

흔히 '이것은 파이프가 아니다'라는 제목으로 잘 알려진 「이미지의 배반」(그림 4)은 언어와 형상에 대한 탐구 가운데 대표적인 작품이다. 이 그림에는 아주 사실적인 파이프의 이미지와 "이것은 파이프가 아니다"라는 상반되는 언술이 공존한다. 이 작품을 통해 마그리트는 우선 그림과 지시 대상의 관계를 질문한다. 그림 속의 파이프로는 담배를 피울 수 없듯이, 이미지는 실재 사물이 아니라는 것이다. 마그리트는 이후의 작품에서 담배 연기가 틀 밖으로 나가는 파이프 그림을 통해 그림과 지시 대상의 경계에 대한 전복을 다시 한번 시도한다. 또한 그림과 텍스트 사이의 관계를 질문한다. 이 그림에서는 단지 말이 이미지에 모순된다든가 이미지가 말에 모순되고 있는 것이 아니라, "말할 수 있는 것과 볼 수 있는 것의 정체성들이 동요하

그림 4 마그리트, 「이미지의 배반」(La trahison des images), 1928~1929.

고 서로 자리를 바꾸기 시작한다"(Mitchell, *Picture Theory*, p.67). 이것은 「꿈의 열쇠」La clé des songes(1930)에서 이미지 자체로 명백해서 굳이 이름을 붙일 필요 없는 사물들에 이름을 붙이는 시도를 통해 더 본격적으로 실험된다. 달걀 그림 아래에 '아카시아'라는 단어를, 구두 그림 아래에 '달'이라는 단어를 써 넣는 등 형태가 명백한 그림 속 대상에 실제와는 다른 명칭을 부여하는 것이다.

마그리트는 제목을 붙이지 않은 1948년의 한 그림에서 다시 파이프를 등장시킨다. 이때의 파이프는 사람의 코에 연결되어 있고, 남성의 성기를 환기시키고 있다. 여기서의 파이프는 구강적 만족과 자위적 행위를 동시에 만족시키는 도구, 입과 성기를 연결하는 매개체로 기능한다. '파이프'pipe라는 단어는 남성의 페니스의 은어로도 사용되어 욕망의 물신, 페티시를 상징하기도 한다(정헌이, 「르네 마그리트의 작품에 있어서 '그리기'와 '쓰기'」, 16쪽). 파이프-페니스라는 단어의 이중 의미의 유희와 파이프-코(-페니스)라는 이중(삼중) 형태의 유희가 다층적으로 겹쳐져서 "이것은" 눈에 보이는 그대로의 "파이프가 아니"라는 것을 보여 준다. 그렇다면 여러 형태로 자유롭게 변형되는 마그리트의 파이프는 나의 욕망과 무의식, 언어 자체와 형상 자체의 무의식의 표현이라는 것일까? 마그리트는 대상과 그림, 대상과 언어의 관계가 자의적이듯 그림과 언어의 관계도 자의적임을 보여 줌으로써, 언어와 그림과 인간의 무의식이 세계와 맺고 있는 모든 관습적인 약속에서 자유로워지고자 한다.

「이미지의 배반」은 호안 미로의 「이것은 내 꿈의 빛깔이다」(그림 5)의 반향이기도 하다. 미로는 색채의 불분명한 속삭임이 세계의 이면과 무의식의 세계를 전달해 줄 수 있음을 알고 있었던 화가이다. 이 그림을 보면, 주황색 바탕의 캔버스 좌측 상단에 '사진'Photo이라는 글자가 이탤릭체로 씌어 있고, 우측 하단에는 형체가 불분명한 파란색 물감이 솜뭉치 모양으로 찍혀 있으며, 그 바로 아래에 "이것은 내 꿈의 빛깔이다"라는 문장이 쓰여 있다. 그림과 시구절을 한 화폭 속에 혼합한 그림-시를 오랫동안 추구했던 미로는 세속적인 시각이 볼 수 없다고 믿는 것에 볼 수 있는 존재성을 부여한다. 미로의 그림은 현실의 있는 그대로의 재현을 거부하고 꿈과 내면세계를 표현함으로써, 메를로퐁티의 말처럼 "우리가 세계의 부피감을 갖기 위해서 반드시 '근육적인 감각'을 소유할 필요는 없다는 것을 알려 준다" (Merleau-Ponty, *L'Oeil et l'esprit*, p.27). 색깔들과 물결치는 듯 자유롭

그림 5 미로, 「이것은 내 꿈의 빛깔이다」(Ceci est la couleur de mes rêves), 1925.

그림 6 미로, 「별 하나가 흑인 여인의 젖가슴을 애무한다」(Une Étoile caresse le sein d'une négresse), 1938.

게 유동하는 글자는 미로의 그림이 얼마나 확실하게 이성의 질서에서 벗어났는지를 보여 준다. 「별 하나가 흑인 여인의 젖가슴을 애무한다」(그림 6)에서도 볼 수 있듯이, 무중력의 공간, 꿈의 공간을 부유하는 색과 선과 알 수 없는 형체들과 마찬가지로, 글자들도 이 공간을 함께 떠다니며 의미망이나 문장구조의 억압에서 자유로워진다. 미로는 글자·색·선을 모두 하나의 회화적인 요소로 보고 그것을 자유롭게 혼합함으로써, 시가 가진 은유적 환기력과 색깔·형체가 가진 무의식의 공간성을 함께 획득하고 있다.

초현실주의 화가들의 실험에서 볼 수 있듯이, 언어는 형상을 설명하는 매체가 아니며, 형상 또한 언어의 구체적 혹은 추상적 표현이 아니다. 언어와 형상은 일방적인 주종의 관계로 이뤄진 것이 아니라 텍스트 간의 교류를 통해 상호적으로 의미를 생성해 내고 있다. 화가들은 문자라는 이질적인 속성을 자신의 그림에 도입하고 이를 창조적으로 변형함으로써 회화 고유의 시각적 환기력을 더욱 강화한다.

3. '볼 수 있는' 시

시인들이 시를 시각화하고자 할 때 그들은 우선 글자의 형태와 배열이 보여 주는 조형성에 관심을 기울인다. 그 선구자들로 알려진 피에르 르베르디와 아폴리네르의 시는 종종 피카소Pablo Picasso, 브라크Georges Braque 등 입체파 화가들과 연관되어 연구된다. 르베르디의 이미지론은 후대 초현실주의를 비롯하여 프랑스 시단에 큰 영향

그림 7 피카소, 「의자에 앉은 셔츠 입은 여인」
(Woman with a Shirt Sitting in a Chair), 1913.

을 끼친 바 있다. 피카소의 그림 하나와 르베르디의 시 한 편을 보자.

피카소의 「의자에 앉은 셔츠 입은 여인」(그림 7)을 보면 어디에서부터 여인의 몸이고 옷이고 소파인지 그 경계가 불분명하며, 안과 밖, 위와 아래, 우측과 좌측의 구분이 없이 시점이 혼재되어 있다. 이렇게 입체파 화가들은 사물에 대한 모든 관점들을 다양화하면서, 온갖 시각들을 집결시켜 일종의 총체적인 가시성에 도달하고자 했다.

한편 르베르디의 「비밀」Secret(1918)은 말을 최대한 아낌으로써 더 많은 말의 울림을 전달하는 시의 본령을 일깨워 주고 있다. 첫 연

> **비밀**
>
> 르베르디
>
> 빈 종소리
> 죽은 새들
> 모두 잠든 집 안
> 아홉 시
>
> 대지는 미동도 없다
> 누군가 한숨을 쉬고 있다 하리라
> 나무들이 미소 짓는 듯하다
> 물은 나뭇잎 한 장 끝에서 떨고 있다
> 구름이 밤을 가로지른다.
>
> 문 앞에서 한 남자가 노래한다
>
> 창문은 소리 없이 열린다

은 움직임도 소리도 없이 모두 잠들어 있는 밤의 시간을 알려 준다. 모두 명사형으로 되어 있는 시어들은 이러한 정적인 이미지를 뒷받침한다. 그러다 둘째 연부터는 한 행마다 문장화되기 시작한다. 정적인 이미지에서 미세한 동적인 이미지가 나타나고, 낮은 한숨, 미소, 작은 떨림, 구름의 조용한 움직임 등 자연과 어떤 존재의 미세한 움직임을 감지할 수 있게 된다.

그리고 마침내 등장인물이 나온다. 한숨과 떨림의 주인공, 몰래 집 안에 잠입한 한 남자(로미오라고 해보자)가 나직이 세레나데를 부르면 줄리엣이 조용히 창문을 여는 것이다. 모든 아슬아슬한 사랑의 만남은 이렇게 이뤄진다. 그 쥐도 새도 모를 비밀을 자연과 우리 독자들이 공유하게 된다.

르베르디와 입체파들의 차이는 가시적인 것에서 빌려 온 요소들을 다루고 배열하는 방법에 있다. 르베르디는 통사적 관계를 최소한으로 줄이고, 단어, 통사, 미완결된 시구들을 병치함으로써 활자화된 여백의 강한 단절을 강조하고 있다. 르베르디에게 있어 활자 배열의 주된 기능은 미메시스적이거나 회화적인 것이 아니라, 리듬적이고 의미적인 것이다. 르베르디적 글쓰기에서 가시적인 것은 움직이는 풍경이며, 이러한 풍경은 공간적이고 시간적인 모든 틀을 벗어난다. 따라서 입체파의 총체적인 시각과는 달리 이 시인은 오히려 부분적인 시각에 집착하고 있으며, 사물의 그림자, 풍경의 감춰진 부분들을 형상화한다. 그는 시선에서 벗어나는 것에 가치를 부여하여, '뒤에' '밖에' '이면에'서 벌어지는 것을 중점적으로 자신의 시적 공간 속에 드러내고 있다(Collot, *La matière-émotion*, pp.205~228 참조).

아폴리네르의 경우는 큐비즘 회화의 특성을 적극적으로 수용한다. 그는 1907년 일기에서 "피카소 집에서 저녁 식사를 하는 중에 그가 최근 그린 그림을 보았다. 장밋빛 살, 장밋빛 꽃 등 사람의 얼굴을 포함해서 모든 것이 똑같은 빛깔들로 되어 있었다. 어떠한 글자로도 표현할 수 없는 이 얼마나 놀라운 언어인가. 그런데 우리의 언어가 먼저 만들어졌다. 애석하게도!"라며 글자가 갖지 못한 색채 언어의 아름다움을 찬탄하고 있다(Apollinaire, *Journal Intime 1898-1918*).

언어로는 표현 불가능한 것을 가시화할 수 있는 매체에 대한 동경을 나타냈던 것이다.

아폴리네르는 위에서 아래로, 왼쪽에서 오른쪽으로의 일정한 방향성과 순차성을 가진 시에 큐비즘 회화가 가지는 동시성을 도입하고자 했다. 입체파의 회화에는 순차적으로 볼 수 있는 한 대상의 모든 차원이 공존하는데, 이러한 동시성의 미학이 아폴리네르 시에 깊숙이 투영된다. 아폴리네르는 물질세계의 비극적인 쇠퇴와 시간의 흐름에 대한 저항을 반복, 이질적인 것의 병치, 단절 등의 기법으로 표현해 내고 있다. 그는 시집 『알코올』*Alcools*(1913)에서부터 활자화된 시의 외적 배열에 관심을 기울였다. 「미라보 다리」, 「행렬」 등의 시는 활자 배열을 통해 시에 시각적이고 공간적인 차원을 도입한 것이다. 이를 더 발전시켜 글자·음절·단어·형상의 신비한 일치를 보여주는 첫 캘리그램 「글자-대양」Lettre-Océan을 1914년 잡지 『파리의 야간 파티』*Les soirèe de Paris*에 소개한 후, 캘리그램은 동명의 시집 『캘리그램』*Calligrammes*(1918)에서 철자의 환상성을 실험하는 계기를 제공한 아폴리네르의 대표적인 시적 기법이 된다.

「칼에 찔려 죽은 비둘기와 분수」(그림 8)에서 볼 수 있듯이 캘리그램은 시 작품 전체의 형식을 시 작품 전체의 의미와 결부하는 작용을 한다. 캘리그램의 도상성은 작품의 은유적인 구조를 더욱 중층적으로 만든다. 캘리그램을 읽고 보는 독자들의 시선은 언어의 구조로부터 이미지의 구조로, 나아가 작품 전체의 의미 구조로 전이된다. 독자들은 상상력을 해방시켜 관습적인 눈으로 볼 수 없는 것을 보도

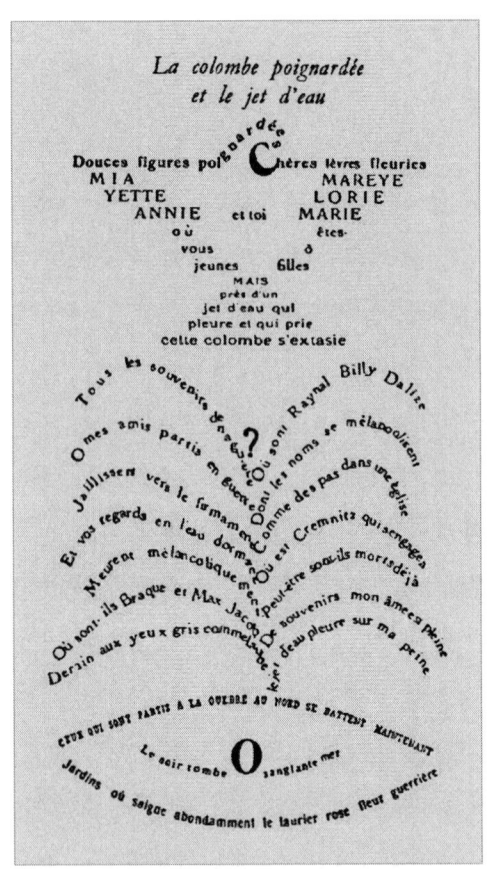

그림 8 아폴리네르, 「칼에 찔려 죽은 비둘기와 분수」, 1918.

록 유도된다. 시를 '읽을 수 있는 시'에서 '볼 수 있는 시'로 전환하는 것은 선형적인 독서를 탈피하여 공간성을 확보하고 표현력을 확장하고자 하는 의도로 볼 수 있다. 상대적으로 속도가 느릴 수밖에 없는 선조적인 독서에 회화적인 배치가 가져오는 즉각성이 첨가되는 것이다. 입체파가 화면 분할로 시공간을 재구축했다면, 아폴리네르는 언어적 표현을 재구축했던 것이다. 붓과 펜의 차이를 잘 알고 있었던 그는 스스로 '문학적 입체파'라고 불리기를 거부했지만, 입체파 화가들과 동시성에 대한 개념을 공유하고 있었다고 볼 수 있다.

그런데 아폴리네르는 단지 회화적인 목적에서만 자신의 시를 시각화하려고 시도했을까? 세르주 페이Serge Pey 등을 비롯하여 음성시를 실험하는 시인들은 아폴리네르의 캘리그램에서 오히려 음성적 지표를 발견해 낸다. 어떤 면에서 그러할까? 아폴리네르의 「비가 내린다…」(그림 9)를 한번 소리 내어 읽어 보자.

프랑스어를 모르더라도 이 시가 비에 관한 시라는 것을 우리는 시각적인 형태로 알 수 있다. 이렇게 그냥 '시각적인 목적을 가진 시'라고만 생각할 수 있지만 이 시를 소리 내어 읽어 보면 놀라운 사실이 발견된다.

il/pleut/len/te/ment/il/fait/froid/Des/ra/fa/les/pas/sent
비/가/처/언/처/언히/내/린/다

비 내리는 모양으로 글자를 배열하려 하다 보니 문법상의 규칙

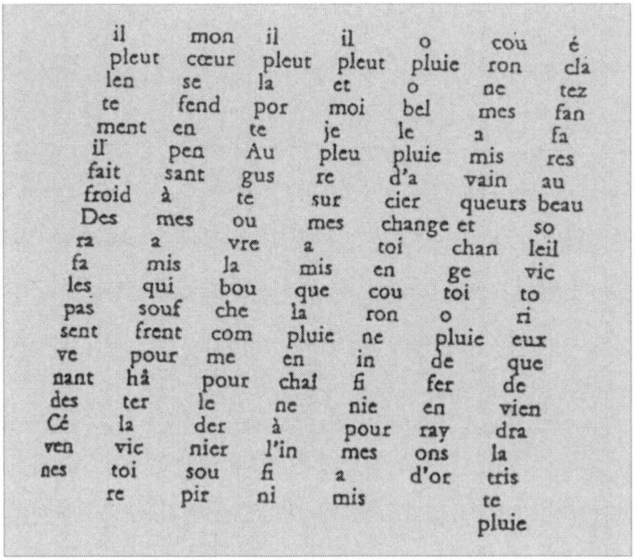

```
il      mon     il      il      o       cou     é
pleut   cœur    pleut   pleut   pluie   ron     cla
len     se      la      et      o       ne      tez
te      fend    por     moi     bel     mes     fan
ment    en      te      je      le      a       fa
il      peu     Au      pleu    pluie   mis     res
fait    sant    gus     re      d'a     vain    au
froid   à       te      sur     cier    queurs  beau
Des     mes     ou      mes     change  et      so
ra      a       vre     a       toi     chan    leil
fa      mis     la      mis     en      ge      vic
les     qui     bou     que     cou     toi     to
pas     souf    che     la      ron     o       ri
sent    frent   com     pluie   ne      pluie   eux
ve      pour    me      en      in      de      que
nant    hâ      pour    chaî    fi      fer     de
des     ter     le      ne      nie     en      vien
Cé      la      der     à       pour    ray     dra
ven     vic     nier    l'in    mes     ons     la
nes     toi     sou     fi      a       d'or    tris
        re      pir     ni      mis             te
                                                pluie
```

그림 9 아폴리네르, 「비가 내린다…」(Il pleut…), 1918.

과 어긋나는 다른 곳에서 끊어 읽게 되면서 빗방울이 똑똑 떨어지는 것과 같은 청각적 효과가 나게 된 것이다. 즉 시각적으로 배열하지 않았을 때는 알지 못했던 시의 내재적인 리듬이 살아나게 된다. 이는 시각화를 통해 청각성 또한 강화된 예라고 할 수 있다. 캘리그램에 시각적 특성 외에 청각적 요소가 혼재해 있다면, 역설적이게도 시가 회화적이 되고자 할 때 시의 또 다른 중요한 요소인 리듬과 음악성이 분출하게 된다는 것 아닐까.

 우리나라에도 이에 못지않은 시가 있다. 바로 이경순의 「비」이다. 비는 만물을 생성시키는 생명의 물이 되기도 하고, 애타는 내 마음을 대변하는 감성의 물이 되기도 한다. 반복되어 내리는 빗소리의

> 비
>
> 　　　　　이경순
>
> 구름에서 내려온다.
>
> 비비비비비비비비
> 비비비비비비비비
> 빈가지에푸름이피고
> 비비비비비비비비
> 비비비비비비비비
> 애타는가슴을적시고
> 비비비비비비비비
> 비비비비비비비비
>
> 물 위에로 흘러간다.

청각성이 반복되는 순경음 'ㅂ'의 청각성과 '비'라는 글자의 시각성으로 강조되고 있다. 수직으로 내리고, 수평으로 흘러가는 비의 모습이 시각적으로 형상화되고, 청각적으로 마음을 울린다.

4. 탈경계적 상상력을 향하여

초현실주의 시인들과 화가들은 언어와 형상의 특징들을 교환하고 변형하여 서로가 갖지 못한 장르상의 특징을 보완했다. 즉 조형예술은 그림 안에 글자를 삽입하고 언어의 구조를 도입하여 가시적인 세계의 한정성을 극복했고, 시는 형상과 시각성을 도입하여 언어의 추상성을 극복하고, 보이지 않는 세계를 구체화하려는 시도를 했다.

그런데 마그리트가 「언어와 이미지」에서 보여 주었듯이, 시가 구체성과 공간성을 획득하고 조형예술이 추상성과 시간성을 획득함으로써 구상/추상, 시간성/공간성이 시나 미술을 규정하는 한계 요소일 수 없음이 밝혀졌다. 초현실주의 화가들은 시의 언어적 요소를 취해서 자신의 기법으로 변형하는 과정을 통해 언어가 반드시 문학 고유의 것이 아니며, 조형예술이 갖고 있는 선·색채·형태의 언어와 결합되어 조형성을 강화할 수 있음을 보여 주었다. 이를 통해 우리는 화가들이 글자를 도입해 '읽을 수 있는' 그림을 시도한다고 보았던 애초의 생각과는 달리, 글자의 기표 측면을 부각하여 언어의 의미성을 약화시키고 오히려 더욱 '읽을 수 없는' 그림, 시각성이 극대화된 '볼 수 있는' 그림으로 만들어 내고 있다고 이야기할 수 있다. 마찬가지로 초현실주의 시인들은 '시각'이 미술 고유의 것이 아니며, 시적 이미지가 본래 갖고 있는 환기력을 강화하는 수단이 되고 있음을 보여 주었다. 시인들이 실험하는 시각적인 활자 배열은 회화적 목적보다는 언어가 가진 리듬과 의미를 발견하고, 가시적인 것 이면의 단편적인 풍경을 암시적으로 드러내기 위한 방법론적인 성찰이었다.

언어와 형상의 교환은 각각의 본질을 새롭게 탐구하고 이를 통해 그 가능성을 확장하는 계기를 부여했다. 즉 시인은 형상을 도입하여 언어에 대해 성찰하고, 화가는 언어를 도입하여 형상성에 대해 성찰했음을 알 수 있다. 그 결과 '볼 수 있는' 시는 관습화된 언어를 배격하고, 기표와 형상의 유희를 통해 언어가 가진 무의식적인 리듬과 음악성을 발견하여 언어의 가능성을 극대화시켰다. '읽을 수 있는' 그림은 '형상'의 가시성을 넘어서서 언어가 가지는 기표/기의의 유희성을 부여받았으며, 그림·글·현실이 빚어내는 무수한 관계의 조합을 통해 다형태, 다의미성을 탐구하는 길을 열어 놓고 있다.

 이 모든 과정은 언어와 형상의 교환이 단지 다른 쪽을 닮고자 하는 목적을 갖는 것이 아니라, 언어는 형상을, 형상은 언어를 강화시키는 힘으로 작용하고 있음을 보여 준다. 각 장르의 정체성은 타 장르와의 교류를 통해 다의적으로 열리고, 그럼으로써 각자의 특성이 더 확고하게 부각됨을 알 수 있다. 그래서 언어와 형상이 교류할 때 시에 대한 시, 미술에 대한 미술의 문제, 즉 메타적 특성이 두드러지게 나타나는 것이다.

【 2장 】
시와 삽화, 그 '겹의 언어'

1. 삽화, 책을 비추는 등불

나이를 막론하고 형형색색의 아름다운 삽화가 곁들여진 동화책은 우리의 가슴을 뛰게 한다. 그래서 단테는 삽화를 '책의 미소'라 불렀던가? '삽화'illustration라는 말은 '비추다'는 뜻에서 온 명사형으로, 본문을 비추는 등불의 역할을 한다. 처음에 삽화는 동서양 모두 종교적 목적에서 사용되었는데, 대부분 까막눈이었던 신도들에게 시각적 효과를 통해 내용의 이해를 돕는 역할을 하였다.

 일반적으로 삽화는 텍스트에 종속된 것으로 여겨진다. 대상이 되는 시나 소설에 영감을 얻어 그것을 좀더 효과적으로 보여 주기 위해 삽화가 부수적으로 '곁들여'진다고 생각되기 때문이다. 프랑스의 사실주의 작가 귀스타브 플로베르Gustave Flaubert는 그림이나 삽화가 보편적인 것을 구체적으로 축소시킨다고 여겨서 자신의 책에 절대 삽화를 싣지 못하게 한 것으로 유명하다. 하지만 초현실주의 시인들에게 삽화는 텍스트의 내용을 한정 짓는 것이 아니라 오히려 텍스트와 어우러져 상상력을 상승시키는 중요한 몫을 담당하고 있다.

대표적인 초현실주의 시인 로베르 데스노스Robert Desnos가 친구의 자녀들을 위해 쓴 동시집 『노래할 수 있는 우화들』*Chantefables*(1944)과 『노래하는 꽃들』*Chantefleurs*(1952)에는 특히 이러한 면이 잘 드러나고 있다. 이 동시집은 오늘날에도 대부분의 프랑스 어린이들이 여기에 수록된 시들을 암송하며 자란다고 할 정도로 사랑받고 있다.

시와 삽화가 어우러진 이 동시집은 데스노스 시의 언어유희가 이끌어 내는 시각성과 청각성을 더욱 부각시킨다. 이 시인은 알파벳이 갖고 있는 음성적 울림과 시각적인 효과를 함께 고려해서 시를 썼다. 철자의 형상과 소리를 통해 시에 청각성과 시각성을 함께 부여한 것이다. 따라서 그의 동시집에는 동시 고유의 속성인 의성어와 의태어의 반복이 두드러지는데, 특징적인 것은 반복의 형태가 동물이나 꽃들의 이름에서 유래한다는 사실이다. '귀뚜라미'를 의미하는 프랑스어 단어는 소트렐Sauterelle인데, "뛰어, 뛰어, 귀뚜라미"라는 시구에서 "소트, 소트, 소트렐"Saute, saute, sauterelle이라고 문장을 반복함으로써 마치 귀뚜라미라는 말의 어원에 이미 '뛴다'라는 역동적인 움직임이 들어 있었던 것처럼 만들어 내고 있다. 다른 경우도 마찬가지이다. '해마'를 뜻하는 프랑스어 단어 이포캉프L'hippocampe를 언어유희로 연결지어 "만세! 만세! 만세! 해마를 위해"Hip! Hip! Hip! pour l'hippocamp라고 함으로써, 마치 '만세'라는 감탄사가 '해마'를 어원

그림 10 데스노스, 「귀뚜라미」, 『노래할 수 있는 우화들과 노래하는 꽃들』(*Chantefleurs et Chantefables*, 1970) 중에서

으로 삼는 것처럼 보여 주고 있으며, 아름다운 해마에게 영광을 돌려야 하는 근거로 제시하고 있다. 비슷한 예로, 「부엉이」Les hiboux라는 시에서 "Hou! Hou!"라고 두 번 반복되는 감탄사는 마치 제목의 메아리처럼 울린다. 이러한 반복은 구두적인 효과만 주는 것이 아니라, 연쇄된 글자와 느낌표의 반복으로 텍스트에 가시적인 역동성을 부여하는 시각적인 효과 또한 부각하고 있다.

앞서 언급된 동시 「귀뚜라미」를 번역해 보면 다음과 같다.

뛰어, 뛰어, 귀뚜라미야,
오늘 목요일이니까.
나 뛸 거야, 귀뚜라미 그녀가 말하네,
월요일부터 토요일까지.

뛰어, 뛰어, 귀뚜라미야,
온 거리를.
뛰시라니까요, 아가씨,
그게 당신의 일거리니까요.

프랑스어를 모르더라도 반복되는 리듬이 느껴지는가? 시인은 귀뚜라미sauterelle라는 단어를 임의로 잘라서 뛰다sauter라는 동사와 그녀elle라는 대명사를 끄집어내고, 온종일 뛰어다니는 게 일인 귀뚜라미 아가씨의 이야기를 만들어 낸다. 삽화는 나뭇잎을 오르는 소녀들과 그 나뭇잎의 정점에 귀뚜라미를 위치시킴으로써 소녀와 귀뚜라미가 동일한 인물임을 암시한다. 사실 의미를 먼저 생각하면 "뛰어라, 오늘 목요일이니까"라는 시구는 논리적으로 맞지 않지만, '오주르디'aujourd'hui(오늘)와 '주디'jeudi(목요일)의 각운이 맞음으로써 연결되고, 새로운 논리를 만들어 내는 것이다. 마찬가지로 2연 2행과 4행의 끝 단어 또한 '카르티에'quartier(거리)와 '메티에'métier(일거리)라고 각운이 맞음으로써 새로운 이야기와 논리를 만들어 내고 있다.

사실 우리는 언어유희라고 하면 흔히 '무의미한 말장난'으로 치부하기 쉽다. '무의미한 말장난'인 것은 맞지만, 이때의 '무의미'는 아무 의미가 없다는 것이 아니라 기존의 의미를 비워 얼마든지 새로운 의미를 채워 낼 수 있음을 의미한다. 또한 무엇보다 언어유희는 즐겁다. 사회적인 약속으로서의 언어 이전에, 언어가 스스로 다른 언어를 낳는 원초적인 창조의 근원을 발견하게 하기 때문이다.

프랑스에 데스노스가 있다면, 우리나라에는 최승호 시인이 있다. 이 시인이 쓴 말놀이 동시는 윤정주의 삽화뿐 아니라 한술 더 떠서 대중음악가 방시혁의 곡이 입혀져 어린이들에게 큰 사랑을 받고 있다. 그중 「이구아나」라는 시를 보자.

아나
이구아나 아나
이구아나를 혼내 줘야 해
이구아나 혼내 주러 가자

잠깐! 그런데 말이야
우리가 이구아나 아니니
그랬나, 우리가 이구아나였나

데스노스의 말놀이처럼 최승호의 말놀이도 '이구아나'라는 동물의 이름을 가지고 유희를 하고 있다. 그런데 의미 없는 말놀이를 따라하다 보면 문득 이렇게 철학적인 내용이 있을까 생각하게 한다. 내가 적대시했던 사람이 사실은 나였다니……. 인생이 갖고 있는 모순적이고 양면적이고, 환원적인 측면들을 보여 준다. 희노가 있고 애락이 있는 우리의 삶 전체를 보여 준다는 생각도 든다. 누군가를 혼내 주러 가자는 목표를 실천에 옮기려는 찰나, 탁 멈춰 돌아서면서 '잠깐! 그런데 우리가 이구아나 아냐' 하고 물어볼 수 있는 순간이 우리에게는 반드시 있어야 한다. 정신없이 흘러가는 우리의 삶의 흐름을 막아 세우고, 백지상태에서 상황을 다시 되묻는 '잠깐!'이라는 외침의 중요성을 이 말놀이는 조용히 일깨우고 있다.

2. 시에서 출발한 삽화

시인과 화가의 협동 작업은 초현실주의의 대표적인 특징이다. 초현실주의자들은 '자동기술법', '최면적인 꿈', '초현실주의 놀이'를 함께 하면서, 시인과 화가, 시와 그림이 공존하는 계기를 마련했다. 특히 삽화 작업은 언어와 형상이 공존하여 두 작가들의 상상력을 결합시키는 대표적인 방식이라고 할 수 있다. 그들은 삽화를 통해 화가들과 공동 작업을 하면서, 그림과 글이 주종의 관계를 이루는 것이 아니라 상보적인 관계를 맺고 있음을 보여 준다.

삽화가 수록된 수많은 초현실주의 시집 가운데 특히 폴 엘뤼아르Paul Éluard의 시집들에는 폴 델보, 발랑탱 위고, 르네 마그리트, 막스 에른스트, 만 레이, 한스 벨머, 마르크 샤갈, 파블로 피카소, 뤼시엥 클레그, 미셸 테라퐁, 펠릭스 라비스, 알베르 플로콩 등 대다수의 초현실주의 화가들이 참여했다. 이 중에는 기존의 삽화처럼 엘뤼아르가 시를 쓰고 화가들이 그림을 그린 시집들도 있지만, 화가의 그림에서 출발하여 엘뤼아르가 시를 쓴 시집들도 있다. 이 두 경우 언어와 형상은 어떻게 교류하고 있을까?

엘뤼아르의 시에 삽화를 그려 넣은 화가로는 『반복들』*Répétitions*(1922)에 콜라주 작품을 수록한 에른스트, 엘뤼아르가 『지속하려는 힘든 욕망』*Le dur désir de durer*(1946)의 시들을 쓰면서 누구의 삽화가 들어갈지 미리 예상했다는 샤갈, 세 권의 시집에 삽화가로 참여한 위고 등이 있다. 위고가 삽화를 그린 시집은 1920년에 앙드레 로트André Lhote의 삽화와 함께 출판되었다가 위고의 삽화로 재출판된 『동물들과 그들의 인간들, 인간들과 그들의 동물들』*Les Animaux et leurs hommes, les hommes et leurs animaux*(1937), 『매개하는 여성들』*Médieuses*(1939), 시집 『페닉스』*Le Phénix*(1951)가 있다. 삽화시에서 위고는 주제나 소재, 이미지 등에서 시 텍스트를 충실히 따르면서도 이를 자신만의 시각 언어로 자유롭게 변형하고 있다. 시와 삽화를 나란히 놓고 보면 언어와 형상은 어느 하나가 다른 하나에 결코 뒤지지 않는 강한 이미지의 환기력을 보여 주고 있으며, 이를 통해 독자들의 상상력을 증폭시키고 있다.

엘뤼아르는 특히 『동물들과 그들의 인간들, 인간들과 그들의 동물들』에서 말·암소·암탉·개·고양이 등 동물을 제목으로 삼은 시들을 통해 인간과 동물과 세계 간의 친밀성과 교류를 표현한다. 위고의 삽화도 같은 동물들을 소재로 하여 인간의 신체 및 얼굴과 인접시키거나 중첩시키면서 이들 간의 인접성을 표현해 낸다. 여기 수록된 시 「동물이 웃는다」Animal rit의 경우를 살펴보자.

세상은 웃는다,
세상은 행복하고 만족스럽고 즐겁다.
입술은 열린다 제 날개를 펴 비상하고, 다시 착륙한다
젊은 입술들이 다시 착륙한다.
늙은 입술들이 다시 착륙한다.

동물 한 마리도 웃는다,
찡그린 얼굴에서 기쁨을 펼친다.
지상의 모든 장소에서
털이 흔들린다, 양털은 춤을 추고
새들은 제 깃털들을 떨군다.

동물 한 마리도 웃는다
그리고 제 자신에게서 멀리 달아난다.
세상이 웃는다,
동물 한 마리도 웃는다,
동물은 달아난다.

    이 시에서 엘뤼아르는 세상의 웃음과 동물 한 마리의 웃음을 반복적인 모티프로 표현하고 있다. 의인화된 '세상'은 입술을 여닫으며 웃고, 입술은 다시 날갯짓을 하는 새로 은유화된다. 새의 날갯짓에 이어 2연에서는 동물의 털 움직임이 입술의 움직임, 즉 동물의 웃음으로 표현된다. 이를 통해 웃음은 마치 전염된 것처럼 세상으로 퍼져 나간다. 이리하여 넓은 세상과 작은 구성원 간의 친밀한 공모 관계가 형성되는 것이다. 세상의 구성원들은 끊임없이 자아에서 벗어나면서 타자들과 만나고 세상의 일부가 된다.

    엘뤼아르 특유의 소박하고 간결한 시어들은 우리가 볼 수 없는 세상의 미소 짓는 한순간을 포착해 가시화한다. 위고는 이러한 시의 언어를 '이중 이미지'라는 형상 언어로 치환하고 있다(그림 11). 삽화에서 말·토끼·노루 등 동물의 하얀 형체들은 신비하게도 인간의 얼굴 윤곽을 드러내는 역할을 한다. 이 이미지는 마치 네온사인처럼 한 이미지를 켜고 다른 이미지를 끔으로써 이중으로 읽을 수 있는 이미지이다. 흰 부분과 검은 부분 어디에 시선을 고정하느냐에 따라 동물들이 보이기도 하고, 두 얼굴이 보이기도 하는데, 이 두 얼굴은 입을

그림 11 위고가 엘뤼아르의 시 「동물이 웃는다」에 붙인 삽화

기준으로 해서 아래와 위 대칭으로 접힌다. 동물들의 윤곽을 통해 드러나는 얼굴은 살짝 미소 짓고 있는 것처럼 보인다. 위고는 "동물이 웃는다"를 "동물이(세계가) 인간을 웃게 한다"로 재해석하고 있다.

위고의 삽화는 16세기 이탈리아의 바로크 화가인 주세페 아르침볼도Giuseppe Arcimboldo의 그림과 이를 계승한 살바도르 달리 Salvador Dalí의 이중 이미지와 맥을 같이한다. 아르침볼도는 꽃, 과일, 채소, 동물 등 모든 종류의 사물들을 쌓아서 알레고리화된 얼굴을 그

그림 12 아르침볼도, 「사서」(Le bibliothécaire), 1566. (왼쪽)
그림 13 아르침볼도, 「물」(L'eau), 1563?. (오른쪽)

렸다(그림 12). 이 화가의 작업은 일상의 친근한 대상들을 주제에 따라 모아서 그 결합이 인간의 얼굴을 만들어 내게 하는 데 있다. 그뿐 아니라 요리사의 얼굴은 냄비와 칼 등의 주방기기로, 사서의 얼굴은 책들로 전이하여, 인간의 형체가 직업과 관련하여 드러나도록 하고 있다. 매우 사실적으로 그려진 일상의 사물들과 그것을 통해 드러나는 약간은 기괴하고 약간은 우스꽝스런 환상적인 얼굴은 일상과 환상의 미묘한 결합을 보여 준다. 한편 달리는 아르침볼도의 작업을 수용하여 그림이 무의식의 표출 장소가 되기를 목표로 하는 자신의 편집광적 비평 방법으로 발전시켰다.

한편 바르트는 「물」(그림 13)이라는 아르침볼도의 환상적인 초상화에서 수사학적 비유법들을 읽어 내어 그의 회화가 언어적 바탕을 갖고 있음을 밝힌다. 귀에 해당하는 조개껍데기는 형태적 유사성에 의해 인체의 영역과 사물의 영역을 동일시한 은유이며, 얼굴과 몸 전체를 뒤덮고 있는 생선들은 인접성에 의해 물에 사는 것들을 물 전체로 치환한 환유이다. 즉 언어의 기능처럼, 회화 또한 기호들을 조합하고 전환하고 일탈시키는 작업을 한다는 것이다(Barthes, "Arcimboldo ou Rhétorique et Magicien"). 이것은 "회화는 언어체인가?"라는 물음에 대한 긍정적인 해답의 근거를 제공한다. 엘뤼아르의 시와 위고의 삽화의 경우도, 인간과 동물, 구성원과 세계의 융합과 인접성을 엘뤼아르는 은유와 환유의 수사학적 방법으로, 위고는 선과 명암과 이중 이미지로 표출하고 있다.

여기서 읽을 수 있는 것과 볼 수 있는 것은 완벽하게 교류한다. '은유'와 '이중 이미지'는 볼 수 없는 세계를 가시화하는 일종의 '겹의 언어'라 부를 수 있겠다. 이 겹의 언어들이 시와 삽화라는 방식으로 한 공간에 나란히 놓임으로써, 상상력의 힘과 의미의 다의성이 배로 강화되는 상승작용을 하고 있는 것이다.

3. 삽화에서 출발한 시

엘뤼아르는 '시각'에 중요성을 부여하고, 그 회화적 요소인 형태, 빛깔 등을 시의 소재 및 중요한 시적 사유의 원천으로 삼았다. 또한 동료 화가들의 그림·조각·사진들을 보고 이를 상상력의 발판으로 삼

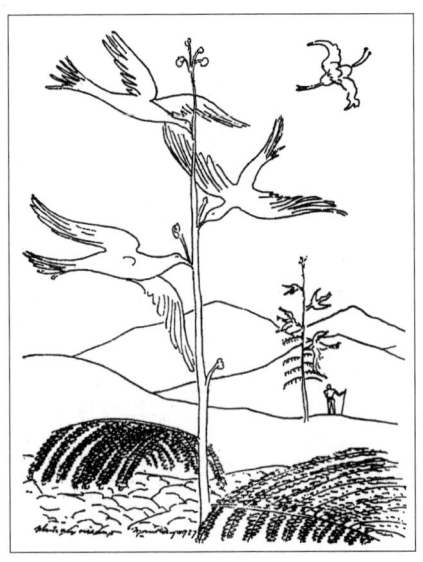

그림 14 레이, 「새-나무」(Plante-aux-oiseaux), 1937.

아 시를 창작하고 자신의 시집에 수록하였다. 만 레이의 그림들에 관한 시집 『자유로운 손』*Les mains libres*(1937), 한스 벨머의 분절화된 인형 사진들에 관한 시집 『인형의 유희들』*Les Jeux de la Poupée*(1949), 알베르 플로콩의 판화들에 관한 시집 『시각들』*Perspectives*(1949) 등을 그 예로 들 수 있다. 특히 『자유로운 손』의 서문에서 엘뤼아르는 자신이 만 레이의 그림들에 관한 삽화가라고 명시하고 있다. 어떻게 언어가 회화적 이미지의 설명이나 해설이 아닌 '삽화'가 될 수 있을까? 이러한 시적인 삽화의 형태와 기법은 어떤 것일까?

   엘뤼아르의 시들은 주로 서정시 고유의 일인칭 시점으로 되어 있는 데 비해, 이 시집에서 삽화가-시인의 역할을 할 때는 이인칭 시점을 사용한다. 이것은 엘뤼아르가 원천이 되는 회화적 이미지들과 나누었던 대화들을 통해 회화적 언어를 시의 언어로 새롭게 창조해 내고 있음을 단적으로 보여 주는 것이다. 시인은 만 레이의 그림 「새-나무」에 동일한 제목의 시를 붙여 이러한 대화의 흔적을 고스란히 드러내면서, 그림과는 별개로 아주 자유롭게 스스로 사유한 시적 결과물들을 제시하고 있다.

> 바람은 너를 두렵게 하지 않는다
> 소멸의 순간 어찌할 수 없는 추락의
> 은밀한 움직임을 간직하라
> 밝은 첫날의 네 첫번째 깃털도
>
> 힘찬 씨앗의 비상을
> 땅에 머리를 박은 말 없는 나무의 비상을 안고
> 풀잎들을 불어 대는 소리를 들으며
> 작은 목소리로 너는 웃으리라

만 레이의 그림에는 고사리 모양의 식물이 자라는데 꽃이 열려야 할 마디마다 새들이 부리를 매달고 열려 있다. 이러한 꽃-새는 가지에서 떨어질 때, 보통의 꽃처럼 낙화하는 것이 아니라 새처럼 날아갈 것처럼 보인다. 추락에서 상승의 꿈으로, 정지된 식물에서 날아가는 새의 꿈으로 전환하는 만 레이 그림의 전복적 이미지는 엘뤼아르의 시에서 해설되거나 그대로 번역되지 않는다. 시의 화자는 삽화 속 새-나무에게 말을 건네고 있을 뿐이다. 이러한 시와 삽화의 대화에 참여하는 독자는 작품의 관람자라는 일방성에서 벗어나서, 자신보다 먼저 관람자가 된 사람의 매개를 통해 상호 소통성을 경험하게 된다. 작가의 시선과 또 다른 창조적 독자의 시선이라는 이중의 시선을 동시에 맛볼 수 있게 되는 것이다.

엘뤼아르는 대화의 과정을 통해 추락하는 꽃봉오리가 아닌 비상하는 새를 품고 있는 나무, 새의 부리를 가지에 달고 휘파람을 불고 있는 나무의 보이지 않는 꿈을 보여 준다. 땅에 박혀 있고 정지해 있는 것이 준비하는 더 큰 도약과 비상의 꿈을 독자들과 공유하고자 하는 것이다. 안 마리 크리스탱이 지적하듯, 시인이 원하는 것은 "화가와 동등하게 되고자 하는 것이 아니라, 그의 능력을 소유하는 것이다. 텍스트를 통해 보게 하는 것, 그것은 항상 시인으로 하여금 그의 시에 시선을 머무르게 하고, 성공적으로 언어적 상상계에서 형상으로 전이하도록 해준다"(Christin, *L'image écrite ou la déraison graphique*, p.187).

뿐만 아니라 뚜렷한 시각적 이미지로 고정되어 눈앞에 제시된 그림에 은유와 암시를 내포한 엘뤼아르의 시어는 다의적인 의미의 가능성을 부여한다. 그림을 그리는 화가의 '자유로운 손'과 시를 쓰는 시인의 '자유로운 손'이 서로 손을 맞잡고 의미와 이미지의 가능성을 활짝 열어 놓는 일, 이것이 바로 엘뤼아르가 원했던 시적 삽화가의 역할일 것이다. 엘뤼아르의 시학이 집결된 중요한 책으로 평가

되는 『보여 주기』*Donner à voir*(1939)에서, 시인은 조형예술과 시각에 대한 성찰을 통해 자신의 시학을 피력하고 있다. 이처럼 타 장르에 관심을 갖는 예술가들은 시와 미술이라는 예술 자체에 대한 질문을 통해 개인적인 예술관을 심화시키는 계기로 삼고 있는 것이다.

예술가들과 시인은 자유롭기 위해 서로 교류한다. 글로 쓰여진 삽화로써 엘뤼아르의 몇몇 언어와 시구들은 회화나 사진의 이미지들에서 출발한 것이지만, 다음 단계에서는 최초 이미지의 원천에서 자유로워지면서 시어 고유의 상상을 펼친다. 마찬가지로 그려진 시로써 화가들의 삽화는 시적 텍스트에서 영감을 받았지만 이를 선과 색과 형태의 언어를 통해 창조적으로 변형하고 있다. "상호텍스트성은 매개가 아니라 확장과 변용으로 열린 영역"(Riese-Hubert, "Intertextualité et illustration", p.69)이기 때문에, 초현실주의 시인들과 화가들은 언어와 형상의 공존을 모색하고 서로의 영역을 넘나들면서 시와 미술이 갖고 있는 장르의 영역을 확장시키고 있는 것이다.

초현실주의 삽화는 언어와 형상의 공존이 어떻게 효과적으로 상상력을 확장시키는 힘을 발휘하는지를 보여 준다. 기존의 삽화가 가지고 있는 종속성을 극복한 이 삽화는 타 장르를 상상력의 발판으로 삼아 의미와 이미지의 가능성을 확장하는 언어와 형상의 대화의 장이 되고 있다. 그 대화는 상상력이 출발하는 지점을 응시하게 할 뿐 아니라, 언어·형상·존재의 표면 및 의식 안쪽에 있는 무의식을 이끌어 낸다. 보이는 것과 보이지 않는 것의 관계성에 천착하는 현상학자들처럼, 초현실주의 시인들은 읽을 수 있는 것의 안감에는 읽을 수 없는 것이 있음을, 화가들은 가시적인 것의 안감에 비가시적인 것이 있음을 밝히면서 실재와 상상 간의 경계를 무너뜨린다. 이와 마찬가지로 공동 작업과 교류를 통해 볼 수 있는 것의 안감에는 읽을 수 있는 것이 있고, 이를 뒤집으면 안감은 겉감으로 바뀔 수 있음을 보여줌으로써, 오늘날 현대 예술은 언어와 형상, 장르와 장르를 넘나들며 새로운 의미와 형태를 만들어 내는 탈경계적 상상력을 펼치게 되는 계기를 마련하고 있다.

[3장] 광고포스터와 이미지-텍스트

1. 이미지와 텍스트의 상승효과

인간 기억의 원형에는 이미지와 텍스트가 공존하고 있다. 원시시대에 이미지는 의사소통의 수단이었으며, 동화책의 텍스트와 삽화는 유년 시절의 상상력을 자극한다. 하지만 다른 한편으로 이미지와 텍스트를 배타적인 관계로 여기는 입장도 있어 왔다. 이미지는 텍스트에 기생적인가? 텍스트는 이미지를 설명하는가? 이미지는 나름의 고유한 텍스트를 함축하고 있는가? 이미지와 텍스트가 말하는 내용, 그리고 말하는 방식들은 어떻게 다른가? 이러한 문제는 이미지와 텍스트의 관계에서 중요한 질문으로 자리한다.

 이미지와 텍스트의 차이를 논하는 연구에서 공통적으로 지적하는 사항은 이미지는 한눈에 볼 수 있는 공간적인 것이고, 텍스트는 순차적인 흐름에 의해 읽어야 하는 시간적인 것이라는 점이다. 그러나 텍스트의 순차성이 무너진 지 오래이고, 이미지의 메시지성이 점

그림 15 애플 사의 한입 베어 문 사과 로고는 '깨물다'라는 의미의 'bite'와 컴퓨터에서 사용되는 'byte'를 겹친 언어유희를 시각적인 이미지로 구현한 것이다. 함축적이면서도 효율적인 의미 전달을 위해서 광고는 언어시각 유희를 함께 사용한다.

그림 16 프랑스의 유명 과자회사 LU의 광고포스터 「반 고흐에게 헌사를」. 한 귀퉁이가 베어 물린 과자는 자신의 귀를 자른 고흐의 초상을 환기시키는 시각적 유희를 보여 준다. 오른쪽 하단에는 은행 등의 약관에서 쓰이는 "읽고 동의하였습니다"(Lu et approuvé)가 적혀 있어서 상호인 'LU'와 언어유희를 만들어 내고 있다.

차 강화되고 있는 시점에서, 읽고 보는 것, 시간성과 공간성의 구분만으로 이미지와 텍스트의 차이를 논의할 수는 없게 되었다. 또한 이미지와 텍스트가 공존하면서, 이미지가 텍스트의 역할을 하고 텍스트가 이미지의 역할을 하는 전이와 융합의 시도들이 빈번히 일어나고 있다. 특히 이미지와 텍스트가 공존하는 대표적인 장이면서, 소비자에게 명확하게 메시지를 전달하고자 하는 광고포스터에서는 이미지를 읽고 텍스트를 보고자 하는 역할 전환이 두드러지고 있다.

광고라는 대중문화의 산물은 흔히 텍스트보다 이미지로 소비자의 눈길을 끈다는 혐의를 받는다. 그런데 실제로 광고는 이미지를 주로 삼고 텍스트를 종으로 삼는가? 광고의 이미지는 허위적이고 빈약한가? 광고 이미지는 쉽게 읽히는가? 말초신경만을 자극하고 저급한가? 그런데 왜 요즘의 학문에서 문학·언어학·기호학·사회학 등 장르를 불문하고 이러한 광고텍스트에 주목하는가? 그것은 혹시 우리 인간 삶의 모습과 문학과 예술의 원형적인 요소가 광고포스터에 깃들어 있기 때문은 아닐까? 광고는 그 어느 장르보다 새로운 상상력에 목말라 한다. 광고는 압축·변형·전이를 이루고자 하는 수사학적 원리, 간결함과 함축을 환기시키는 시적 요소, 텍스트와 이미지의 전이와 공존, 더 나아가 공모라는 다양한 측면을 보여 주고 있다.

텍스트와 이미지의 관계에 관한 기존의 연구에서는 이 둘의 관계가 종속적인가, 대립적인가, 융합적인가 하는 관계성에 중점을 두어 왔다. 이 책의 관심은 이미지와 텍스트의 차이를 부각하거나 무화하는 데 있지 않다. 그보다는 이미지와 텍스트가 역할을 전도하고 융합하고 공존하면서 어떻게 서로의 영역을 확장시키며 풍요로운 형식적 실험과 의미의 다의성을 펼쳐 내는가 하는 점에 중점을 두고자 한다. 이러한 시각에서는 이미지와 텍스트 간의 관계 연구에서 중시되는 '재현'의 몫은 미미해진다. 즉 텍스트와 이미지가 어떻게 현실을 재현해 내는가가 관건이 아니라, 어떻게 현실 속에서 현존하면서 동시에 텍스트 속에 이미지를, 이미지 속에 텍스트를 현존시켜 '이미지-텍스트'라는 독자적인 세계를 만들어 내는가에 주목하는 것이다.

그러기 위해서 카상드르Adolphe Mouron Cassandre(1901~1968)와 사비냑Raymond Savignac(1907~2002)의 광고포스터를 살펴보는 것은 의미 있는 일이라 생각된다. 카상드르는 1920~1930년대에 주로 활동하면서 큐비즘 운동 확산에도 기여한 아르데코 경향*의 광고포스터 작가이다. 또한 스스로 활자체를 개발한 타이포그래피 아티스트이기도 하다. 그는 이미지보다 텍스트가 우선한다는 철학을 담은 광고포스터를 통해 텍스트와 이미지 간의 풍요로운 의미의 장을 생산해 내었다는 점에서 주목할 만하다. 한편 사비냑은 카상드르의 제자이다. 몽사봉Monsavon이라는 비누 광고에서 암소가 젖을 내뿜고 있는 친근하고 유머러스한 광고로 유명해진 후 간결함과 유머는 그의 포스터를 관통하는 원리가 된다. 그의 광고포스터 작품은 독특한 수사학적 원리를 보여 주면서 언어적 텍스트와 이미지 간의 관계를 조

---

* 1920~1930년대 산업사회의 특성을 반영한 파리 중심의 장식 미술 운동으로, 화려한 색채의 기하학적 형태를 특징으로 한다.

명할 수 있는 좋은 사례를 제시한다. 이 두 작가들은 서로 영향 관계를 주고받은 20세기 초반 뛰어난 광고포스터 아티스트들로 손꼽히는데다가, 광고포스터 속에서 이미지만큼이나 텍스트의 중요성을 일깨운 사람들이다. 또한 텍스트와 이미지가 창출해 내는 예술적 상상력과 광고포스터의 '상업성'을 공존시킴으로써 광고의 상상력이 왜 주목되는가에 대한 해답을 제공해 줄 수 있는 작가들이기도 하다.

2. 타이포그래피 아트와 시·공간의 모자이크: 카상드르

카상드르는 다른 포스터 디자이너와 달리, 텍스트가 시각디자인을 따라가는 것이 아니라, 디자인이 텍스트를 기반으로 해야 한다고 생각했다. 그는 이러한 생각을 1928년 『포스터』*L'Affiche*라는 잡지에서 다음과 같이 제시하고 있다. "포스터 디자이너는 항상 텍스트에서 출발해야 하며, 할 수 있는 한 포스터 구성의 중앙에 텍스트를 위치시켜야 한다. 텍스트가 중심이 되어 그림이 그것과 조화를 이뤄야 하며, 그 반대가 되어서는 안 된다. …… 왜냐하면 포스터는 광고의 모든 장면을 조건 짓고 활성화시키는 그림이 아니기 때문이다"(Bargiel, *150 ans de publicité*, p.62). 즉 카상드르는 포스터가 그림이 아니라고, 포스터는 무엇보다 '거리의 예술'이며 텍스트와 이미지의 조화를 통해 그간 화가가 수많은 대중과 맺지 못했던 관계를 회복할 수 있는 수단이라고 생각했다. '피볼로'라는 아페리티프(식전주食前酒) 광고는 이러한 생각을 잘 반영하고 있다(그림 17).

그림 17 카상드르, 「피볼로」, 1924.

'Pivolo'라는 상호는 동음이의어의 언어유희에 의해 "Pie vole haut"(까치가 높게 난다) 혹은 "Pie, vole haut!"(까치야 높게 날아라)라는 텍스트를 낳는다. 그 밖에도 항공학교의 일상화된 구호인 "Et puis vole haut"(고도를 높여라), "Pie voit/boit l'eau(de vie)"(까치가 물/술을 본다/마신다) 등으로 얼마든지 다의적으로 변형·해석할 수 있다.

이러한 언어의 유희는 시각적 유희를 동반한다. 우리는 텍스트를 기반으로 하여 포스터 안에 까치의 이미지가 그려진 것을 볼 수 있다. 새의 몸을 투명하게 비추고 있는 아페리티프를 담은 술잔에는 창문의 모양이 새겨져 창공의 이미지를 배가한다.

기존 텍스트에서 출발하거나 기존 이미지에서 출발한 이미지는 기본적으로 '텍스트로서의 이미지'이다. 즉 그에 대한 해석을 개입시킨다. 텍스트로서의 이미지의 역할 중 중요한 것은 "작품 속에 있는 것과 우리가 빠뜨린 어떤 것을 보고 읽게 하며, 작품의 특징들을 지적하면서 '여기를 보시오' 또는 '이 말을 들으시오'라고 말한다"는 점이다(크라우스, 『사진, 인덱스, 현대미술』, 147쪽). 카상드르의 포스터에서는 바로 까치의 이미지가 'Pivolo'라는 상호에 숨겨진 뜻을 '보시오'라고 말하고 있는 듯하다. 텍스트로서의 이미지는 경험 대상들 속에 내재하는 의미 작용의 즉각적인 직접성이라는 사고를 거부한다. 이러한 이미지는 대상과 그 대상에 대한 이해 가능성 사이에 균열을 촉진시킨다.

이 포스터는 피볼로를 마신 까치가 더 높이 비상할 수 있다는 기분을 느끼게 해준다. 그런데 왜 새가 훨훨 날고 있는 이미지로 표현되지 않았을까? 여기에서 글자로 된 텍스트와 시각 이미지 간의 협동을 볼 수 있다. 창공을 나는 새의 자유로움은 '날다'voler라는 단어의 첫 알파벳 V자가 가운데를 벌린 모양으로 표현된다. 이는 새의 몸이 만들어 내는 V, 술잔의 모양이 만들어 내는 V, 그리고 하단의 텍스트인 "프랑스의 포도주들"aux vins de France에서 조금 더 강조해서 벌려 놓은 vins(포도주들)의 첫 글자 v와 어우러져 더욱 강조된다. 그 밖에도 새의 동그란 눈의 형태는 알파벳 'o'와 일치하고 있으며, APERITIF의 A와 F는 꼬리 올린 까치처럼 길게 늘어져 있다.

여기에서 글자는 텍스트를 구성하는 데 사용될 뿐 아니라 시각적이고 표면적인 매체로 활용된다. 글자는 검은색과 짙은 파랑색으로 중층화되고, 거기에 회색빛의 음영이 곁들여진다. 글자 하나하나는 눈을 사로잡는다. 글자에 높낮이가 생기고 텍스트는 "말하고 쓰는 기능을 넘어 리듬이 있는 선들의 상호작용으로, 표면으로, 연결된 공간으로 기능한다"(Mouron, *A. M. Cassandre*, p.42). 형태로 말하는 글자를 통해 역동적인 포스터가 탄생하고 있는 것이다. "pivolo" 글자의 검정, 짙은 파랑, 회색은 까치 이미지의 검정 및 회색 색채와 어우러지고, 아래 텍스트 "Aux vins de France"의 짙은 파랑과 통일감을 이룬다. 즉 위의 'pivolo'라는 텍스트가 그 자체로 시각적·텍스트적 역할을 한다면, 중간 이미지와 아래 텍스트는 이미지와 텍스트가 어우러진 시각적·텍스트적 역할을 한다고 할 수 있다.

카상드르의 포스터는 건축적이고 기하학적인 구조로 유명하다. 포스터는 다른 예술과 달리 상업적이고 대중적인 예술이기 때문에 대중에게 명확히 전달되어야 한다는 것이 카상드르의 생각이었다. 그는 자신의 작업을 응용예술로 정의한다. "광고포스터는 목적을 위한 수단일 뿐이며 전보처럼 상인과 소비자 사이의 의사소통의 수단이다. 포스터 작가는 전보 보내는 사람의 역할을 한다. 메시지를 만들어 내는 것이 아니라 전달하는 것이다. 사람들은 그의 의견을 묻는 게 아니라 명확하고 강렬하며 자세한 의사소통을 해주기를 바란다"(Saunders, *XXe siècle PUB*, p.42). 마샬 맥루한Marshall McLuhan의 "미디어는 메시지다"라는 선언을 빌려 생각해 본다면, 카상드르는 "메시지는 미디어다"라고 선언하고 있는 것처럼 보인다. 그는 이러한 '의사 전달의 명확함'을 반영하기 위해 포스터에 건축과 기하학을 종종 사용하고 있다. 피볼로 광고의 경우에서 볼 수 있듯이 이러한 건축적이고 기하학적인 구조는 이미지와 글자, 형상과 텍스트 간의 통일감을 부여하는 데도 크게 기여한다. 신속한 전달, 의사소통의 명확성을 향해 이미지와 텍스트는 공모한다.

카상드르의 포스터에서 글자는 역동적으로 춤을 추고, 감정을 표현한다. "나는 단지 단어가 가진 이미지로서의 원초적인 힘을 되살리고자 했을 뿐이다. 가장 벌거벗은 표현, 가장 단순한 형태로 축소된 단어는 우리의 피곤한 망막 속에서 더욱 사진을 잘 받을 수 있는 상태가 된다고 나는 믿는다"라고 카상드르는 말한다(Cassandre, "Bifur, caractère de publicité dessiné par A. M. Cassandre"). 이를 위해 그는 드베르니와 페뇨Deberny & Peignot 회사에서 글자에 시각적 영향력을 배가하는 타이포그래피 활자들을 만들어 내기도 했다.

비퓌르Bifur체(그림 18)가 그중 하나이다. 타이포그래피는 글이 언어를 표기하는 역할만을 담당하는 것이 아님을 보여 주며, 언어적·도상적 기호들이 가진 지각의 직접성을 노린다. 글자를 압축하고 생략해서 최소한의 글자 형태만 남기고 나머지는 회색빛 음영으로 표현한 것이 특징적이다. 여기에서 어떤 것이 글자이고 어떤 것이 여백인지 구분이 불분명해진다. 텍스트는 이미지가 된다. 다 채워진 글자가 아니라 비워진 글자가 텍스트에 쓰여진 의미 너머를 지향하며, 조형적인 리듬·색채·굵기 등을 통해 작가는 우리에게 "지면에 표현

그림 18 카상드르의 비퓌르체 견본, 1929.

된 모든 것을 읽으라"라고 명령하는 듯하다.

여기서는 "그것을 읽지 못하게 하지 말라"Ne le rends pas illisible 라는 언술이 조형적인 패턴처럼 반복되고 있어서 "그것을 보지 못하게 하지 말라"Ne le rends pas invisible라는 숨겨진 언술을 암시하고 있다. 그렇다면 우리는 볼 수 있는 것과 읽을 수 있는 것이 같은 목표를 지향한다고 생각해도 되지 않을까? 보는 것이 아니라 보여 주는 것, 읽는 것이 아니라 행간과 여백을 통해 겉으로 드러나지 않는 의미를 읽게 하는 것, 이것이 텍스트와 이미지가 지향하는 공동의 목표이다.

초현실주의 시인 엘뤼아르의 시론집 『보여 주기』는 세상을 있는 그대로 보는 것이 아니라 '다르게 보게 하기'라는 그의 시학을 표명한다. 시각적 이미지 또한 보는 그대로의 재현이 아닌, 볼 수 있게 하

그림 19 카상드르, 「뒤보, 뒤봉, 뒤보네」, 1932.

는 것을 목표로 삼는다. "이미지는 우리로 하여금 현실을 '다시 보게' 해주고, 현실에 대한 우리의 지각을 새롭고 전혀 하지 않았던 방식으로 재형성함으로써 재구성하고 재배치한다"라고 프랑스의 문학이론가 필립 아몽은 말한 바 있다(Hamon, *Imageries*, p.276). 텍스트와 이미지라는 두 기호학적 체제의 위상은 분명 다르다. 하지만 그들이 목표로 하는 지점은 그리 멀지 않아 보인다.

프랑스의 또 다른 유명한 아페리티프인 뒤보네의 광고포스터를 보자(그림 19). "맛은 좋은가? 마시고 나면 어떤 느낌이 드는가?" 질문하는 소비자에게 상인은 말하고 있는 듯하다. "일단 마셔 보시죠!" 생산자와 소비자 간의 의사소통의 매체가 되기 위해 이미지와 텍스트는 함께 기능한다.

이 포스터에서 직선, 오른쪽 곡선, 원으로 되어 있는 시각디자인은 총체적으로 단순하다. 동작 또한 명확하다. 광고포스터 속에 있는 사람이 뒤보네 술을 마심에 따라, 인물과 글자들이 취기로 차오르기

시작한다. 이미지는 즐거우면서 따뜻하고 나른한 이완감을 느끼게 한다. 뒤보네 포스터 속에는 언어의 유희와 시각적인 유희가 함께 이뤄지고 있다. "뒤봉, 뒤보네"Dubon, Dubonnet라는 기존의 언어유희가 '좋은bon 뒤보네 술'이라는 의미를 드러냈다면, 카상드르는 여기에서 한 걸음 더 나아가 "뒤보, 뒤봉, 뒤보네"Dubo, Dubon, Dubonnet라는 3단계로 새로운 의미와 새로운 리듬을 부여한다. 즉 아름답다는 뜻의 "Du beau"를 첨가하여, 점진적으로 확장되면서 반복되는 문구를 시각적인 이미지로 다시 반복하고 있다. 시각 이미지도 언어처럼 '분절'할 수 있다는 것을 보여 주는 듯, "뒤보, 뒤봉, 뒤보네"라는 텍스트적·시각적 유희는 서로 어우러져 이 포스터에 고유한 독특한 리듬을 창출하고 있다.

텍스트는 시간적·연쇄적이고, 이미지는 공간적·구성적이라고 했는가? 이 포스터의 이미지는 시간적이기도 하며, 텍스트는 공간적이기도 하다. 이 포스터는 만화적인 시퀀스를 갖고 있다. 순차적인 세 개의 포스터를 통해 시간의 흐름을 공간으로 표현하고, 이야기를 만들어 낸다. 독자들은 '빗물 받는 홈통'gouttière이라고 불리우는, 칸과 칸 사이, 장면과 장면 사이의 '틈'이 주는 효과처럼 세 컷으로 연결된 포스터 틈새를 통해 비워져 있는 부분을 채우고 시간의 흐름을 상상하게 된다. 사실 '비워져 있는 부분을 채운다'는 것은 이 포스터를 일관하는 법칙이다. 아페리티프 술이 갖고 있는 '충만함'의 메시지로 모든 것이 집중되고 있기 때문이다. 즉 잔도, 몸도, 직선과 곡선으로 이뤄진 알파벳 글씨도, 로고도, 이미지도 비워져 있다. 뒤보네를 잔에

채워 점점 마시는 과정에 따라 이 모든 것들이 채워진다. 그뿐인가? 의자도, 모자의 챙도, 테이블도 모두 비워져 있다가 자신의 색을 찾아간다. 세계와 인간의 몸, 사물, 글자는 서로 교류한다. 그 교류의 중심 매체가 바로 술이다.

　이 포스터의 숨은 텍스트는 '너를 마시기 전 나는 존재하지 않았다'라고 선언한다. '아름다운, 좋은, 아름답고 좋은 술'이라는 텍스트의 문구는 팔, 몸통, 팔과 몸통 전체라는 인간의 차원으로 전이되면서, 하나가 된 이미지-텍스트-세계, 인간-사물-상품이라는 동일화된 반복을 보여 주고 있다. 그리고 마지막 시퀀스에 포스터의 상업적인 의도가 드러난다. 하단에 조그맣게 쓰인 "키니네가 든 강장 포도주"vin tonique au quinquina라는 텍스트가 그것이다. 키니네에는 강장 성분이 들어 있다. 즉 이 술은 몸에 활력을 주고, 새로운 힘과 피를 돌게 해주는 포도주이다. 이 모든 것은 마셔 보지 않으면 모른다.

　소통을 향한 카상드르의 이미지와 텍스트는 투명하게 제시된다. 마치 텅 비고 투명한 공간이 바로 독자 스스로가 따르고 채워야 할 몫이라는 듯, 이미지와 텍스트는 보고 읽는 것이 아니라 '보여 주고', '읽게 하기' 위해서 그 투명함을 간직해야 한다는 듯이 말이다.

3. 시각적 개그와 이미지의 수사학: 사비냑

숭배해야 할 상품을 희화화해서는 곤란하다는 이유로 유머를 배제했던 그 당시까지의 광고의 경향에서 벗어나, 사비냑은 광고포스터

그림 20 사비냑, 「우유로 만든 내 비누」, 1949.

그림 21 사비냑, 「에어윅」, 1950.

에 특유의 시각적 개그를 창출하여 새로운 혁신을 일으키게 된다. 그는 찰리 채플린의 영향을 받아 포스터에 영화적 요소를 집어넣고자 했으며, 예상 밖의 기발한 아이디어와 여유가 있는 느긋한 선, 친근미가 있는 유머러스한 작풍을 포스터에 구현하게 된다. 또한 그는 사물에 대한 충실한 재현을 거부하고 상징적인 표현을 추구했던 작가이다. 그 상징적인 표현과 시각적 개그를 통해 광고이미지는 텍스트의 수사학적 원리를 시각적으로 구현한다. 잘 알려진 대로, 로만 야콥슨Roman Jakobson은 은유와 환유가 결코 문학만의 전유물이 아니라, 회화와 영화 같은 언어 이외의 기호 체계에서도 나타난다고 말한 바 있다. 실상 간결함과 압축, 치환의 원리를 핵심적으로 내포한다는 점에서 광고와 시는 닮아 있다.

　광고에 처음으로 개그를 도입한 혁신적인 작품이며, 사비냑을 일약 스타로 만들었던 몽사봉의 비누 광고(그림 20)는 "우유로 만들어진 비누"라는 텍스트를 문자 그대로 시각화하기 위해 암소의 젖 세 줄기가 비누를 만들고 있는 모습을 가시화한다. 우유를 만들어 내는 암소와 우유로 만든 결과물인 비누를 인접시킴으로써 환유의 원리를 보여 주고 있다. 이 포스터를 통해 우리는 비누가 만들어지는 생산 과정을 직접 목도한다. 암소의 표정은 진지하면서도 우스꽝스럽다. "이 비누는 100% 내 젖에서 나왔다니까"라고 자랑하는 듯도 하다. 사비냑의 이미지 수사학에서 흥미로운 것은 '문자 그대로'의 이미지 유희에 있다. 은유가 비유적 의미에 중점을 둔다면 사비냑의 광고포스터는 문자 그대로의 표현 방식에 중점을 둔다. 이를 통해 기호들은 전복되고 의미 생성의 무한한 가능성이 만들어진다. 예컨대 그가 만든 방향제 광고 「에어웍」을 보자(그림 21). 코가 거대하게 강조된 사람이 에어윅 제품의 냄새를 맡고 있는 이미지가 표현된다. "선견지명이 있는 분들을 위해"Pour ceux qui ont du nez라는 텍스트는 '코가 예민하여 냄새를 잘 맡는다'는 문자 그대로의 해석과 '선견지명이 있다'는 경구화된 은유라는 이중의 유희를 하고 있다. 사비냑 또한 텍스트를 문자 그대로 해석하여 거대한 코를 가진 사람이라는 시각적 이미지를 제시하고 그 이중성을 전면화하고 있다.

사비냑의 시각 이미지는 진부한 은유, 매우 진부하여 그것이 문제라는 점을 망각할 정도로 일상 언어로 굳게 자리잡은 은유에서 상투성을 제거한다. 기호학자 마르틴 졸리가 예를 든 것처럼 재봉틀의 굽은 다리는 그 모양을 따서 'pied de biche'(암사슴의 발)라고 불리기 시작했지만, 지금은 관용화되어 아무도 이 단어에서 암사슴의 발을 떠올리지 않는다. 그런데 사비냑은 그러한 원천적인 기원을 일깨우면서, 상투성을 사용해서 상투적인 표현과 사물의 상투성을 탈피하고 있다. 즉 죽어 있는 비유를 살아 있는 시각 언어로 재창조하는 것이다.

시각 이미지 속 언어유희에서 이미지는 직설적으로 제시되고, 기표-기의-지시체의 관계는 무의미해진다. 그는 언어를 막 습득하기 시작한 어린아이 같은 태도로 말이 지칭하는 지시체의 이미지를 머리에 상상하고, 그대로 형상화한다. 그는 우리가 의미를 재고해 보지 않은 채 일상적으로 사용하는 '죽어 버린' 은유를 이런 방식으로 살려낸다. 말하고 들을 때 지나치고 있는 것들을 이미지가 생각한다. 또한 이러한 시각 이미지의 수사는 보이지 않거나 볼 수 없는 부분을 직설적으로 드러낸다. 언어에 대한 짧은 단상에서 시작한 상상력은 언어적 불확정성의 틈을 해체하고 비집고 파헤쳐 들어가는 과정을 보여 준다.

사비냑은 자신의 포스터가 보여 주는 원리를 "전복하는 놀라움, 침투하는 감성, 기억시키는 문체"로 요약하고 있다(Bargiel ed., *150 ans de publicité*, p.80). 시장조사를 통해 소비자가 원하는 대로 광고가 따라가는 것이 아니라, 소비자에게 충격을 줘서 광고와 아티스트의 사고에 귀를 기울이게 하고자 하는 것이다. 사비냑이 1950년에 주창한 '비주얼 스캔들'이라는 시각 전달을 위한 아이디어의 표현 원리는 동일화와 변형을 통해 놀라운 충격의 순간들을 창출해 낸다. 비주얼 스캔들이란 서로 유리된 두 개의 이미지를 연합하여 이를 결합하고, 그 시각적 충격에 의해 여러 사람의 의식 내부에 강하게 작용시키려는 수법을 말한다. 구체적으로는 동물이나 상품을 의인화한 것이 많고, 위치를 전도시켜 인간과 대등하게 행동시킴으로써 웃음의 요소를 부여하여 독창적이고 간결하게 메시지를 시각화시키는 방법도 자주 사용된다.

서로 다른 것들이 동일화되고 전이되어 충격을 주는 지점, 이 지점에서 시와 광고, 텍스트와 이미지의 원리가 만날 수 있다. 기호학자 롤랑 바르트가 사비냑의 포스터에서 주목한 부분도 바로 이 부분이다. 그는 사비냑의 '벽보금지' 시리즈(그림 22)에 쓴 서문에서 이 포

그림 22 사비냑의 '벽보금지'(Défense d'afficher) 시리즈(1971) 중 두 편

스터들을 기호학적으로 분석하면서, 그가 사용하는 단순 명료한 이미지에 애매모호한 의미의 보충이 있고, 이것이 비상업적 광고포스터의 의미가 다의적으로 확장되는 시발점이 될 수 있음에 주목한다(바르트, 『이미지와 글쓰기』, 16~21쪽).

신문을 읽는 사람의 머리가 신문 그 자체가 되고, 살아 있는 상태도 사물화된 상태도 아닌 애매한 암소-우유곽이 젖 대신 분유를 공장에서 콸콸콸 생산하고 있다. 우리는 이 포스터들을 보면서 사물화·기계화된 인간의 모습에 대한 우려를 느끼면서도, 다른 한편으로 만화 속 등장인물같이 친근하고 재미있는 인간-동물-사물이 그려내는 세상 풍경을 즐겁게 구경할 수 있다. 다의적인 감정과 복합적인 의미를 불러일으키는 사비냑의 그 '애매성'을 사비냑 자신은 "즐거운 페시미즘"이라고 정의한다(Bargiel, *150 ans de publicité*, p.80에서 재인용). 그는 "광고포스터는 대중적이면서 귀족적인 성격을 가진 거리의 딸이다. 도로의 꽃 혹은 울타리의 여왕인 포스터는 냉정한 태도를 잃지 않으면서 모두에게 제공된다"라고 말하면서 대중적/귀족적, 친근함/냉담함, 유머/냉소라는 포스터의 양가적 성향을 강조한다(Saunders, *XXe siècle PUB*, p.134). 이것은 사비냑의 광고포스터 속 이미지와 텍스트가 갖는 애매성의 몫을 확대하는 역할을 한다.

사비냑의 이미지 수사학은 사물화된 인간 사회에 대한 비판으로만 이뤄진 것이 아니라, 인간과 친숙하고 인간세계와 인접한 사물들의 세계를 그대로 응시하게 만든다. 또한 인간을 사물의 모습으로, 사물을 인간의 모습으로 치환해서 생각해 보게 한다. 이들의 관계는

그림 23 사비냑, 「가랍」(GARAP), 1953.

때로는 친근하고 때로는 낯설다. 여기에 사비냑만의 애매성의 미학이 표출된다. 광고포스터는 상품을 광고하는 것을 목적으로 삼지만, 그의 광고포스터는 상품을 전면으로 내세우는 것이 아니라, 사물과 인간을 보게 한다는 것이다. 찰리 채플린의 영화 속 장면들이 영화의 세계, 현실의 세계, 인간의 세계를 들여다보게 해주듯이, 사비냑은 광고포스터의 장면 속에서 광고 그 자체의 세계, 인간의 모습으로 변형되어 있지만 그 고유성을 갖고 있는 사물의 세계에 다가갈 수 있게 하고 있다.

사비냑은 상업포스터 주문이 들어오지 않자, 이에 대한 반응으로 상업성을 배제한 '반反포스터'를 주창한다. 그것이 바로 앞서 이야기한 '벽보금지' 시리즈나, 주로 새해 카드로 쓰인 포스터 디자인들이다. 사비냑은 이러한 포스터들을 통해서 광고 자체에 대해, 사회에 대해, 사물과 인간에 대해 생각해 보게 하는 작품들을 구현했다. 상업성을 배제한 포스터 중에서 흥미로운 것은 1953년 세계 광고 주간을 기념하여 프랑스 담벼락 곳곳에 붙었던 포스터 「가랍」GARAP이다 (그림 23).

「가랍」은 의미가 비워진 텍스트이다. 이 텍스트만으로 우리는 '가랍'이 무엇을 의미하는지 알 수 없다. 이미지 또한 비워져 있다. 포스터는 선으로만 표시된 모자, 복면으로만 표시된 얼굴, 흰 선으로만 표시된 몸통을 가진 인물이 누구인지를 알려 주지 않는다. 복면 쓴 강도 같기도 하고, 출마하는 정치인 같기도 한 이 인물은 한편으로 자신의 존재를 숨기고자 하는 것 같기도 하고, 다른 한편으로 우리에게 반갑게 자신의 존재를 드러내고 싶은 것 같기도 하다. 이 포스터는 감추기/드러내기의 유희를 내재하고 있다.

뚜렷하고 강력한 메시지를 지향하는 여타의 포스터들과는 달리, 여기에서는 텍스트도, 이미지도 메시지를 전달하지 않는다. 이 포스터가 붙고 난 한참 뒤에야 사람들은 GARAP이 "Gare à la pub"(광고 주의!)라는 텍스트의 약어이며, 광고가 가진 위력을 보여 주는, 광고 주간을 알리는 포스터임을 알게 되었다. 그런데 '광고 주의'라는 뜻의 약어임을 알았을 때에도 그 낯설음의 효과는 마찬가지이다. 우리는 무엇인가를 선전하고 알리는 광고포스터 속에 광고를 주의해야 한다는 상반된 메시지가 담겨 있다는 점에 의아함을 느낀다.

"가랍은 아무것도 알리지 않는다. 아무것도 팔지 않는다. 그는 광고의 힘을 증명하기 위해 단지 손을 들었을 뿐이다"라고 사비냑은 말한다. 위와 같은 포스터의 이미지는 해독이 힘들다. 이미지가 드러내지 못하는 의미를 텍스트가 보충하고 있지도 않고, 텍스트가 표현 못하는 가시성을 이미지가 전달하지도 않기 때문이다. 대상의 정체성을 즉각적으로 인지하기 힘들게 만들어진 이미지는 텍스트처럼 독해를 유도한다. 그러한 이미지는 우리로 하여금 일종의 텍스트로 변모한 현실을 직면하게 한다.

바르트가 말하는 텍스트의 '정박'ancrage의 기능, 즉 다의적인 이미지의 부유하는 의미들을 텍스트가 한정시키는 기능을 광고포스터 작가들은 종종 거꾸로 사용한다. 언어와 이미지의 탈연결성을 실험한 마그리트의 그림과 같이, 광고 텍스트들은 닻을 올리고 고정된 의미망을 벗어나 혼란스러운 바다로 출범하기도 한다. 여기에서 텍스트는 이미지를 설명하거나 비평하거나 묘사하지 않는다. 사실 광고 품목의 이름을 각인시키기 위해, 타깃이 되는 시장과 이름이 연결되도록 이름을 잘 부여하는 행위는 가장 중요한 광고 기능이다. 하지만 이미지와 언어의 관계를 부수는 행위를 통해 광고포스터는 텍스트에 종속되는 이미지에 대한 반역을 시도한다. 어떤 것도 다른 것에 종속되지 않는 텍스트와 이미지의 관계는 시적인 관계가 된다. 이때 텍스트는 수수께끼가 되며 신비로움을 환기시키고 우리를 한없이 생각하게 만든다.

그림 24 사비냐, 「인류박물관에 갑시다」, 1985. (왼쪽)
그림 25 사비냐, 「AGI Paris」, 2001. (오른쪽)

사비냐은 텍스트와 이미지의 공모를 통해 메시지를 철저히 숨기기도 하지만, 텍스트와 이미지의 완전한 융합을 시도하면서 메시지를 강화하기도 한다. 주로 그가 후기에 작업한 포스터들에서 이런 경향들을 빈번히 살펴볼 수 있다.

마그리트가 「언어와 이미지」를 통해 시도한 것처럼, 사비냐은 텍스트와 이미지를 혼용하여 그 유명한 비트겐슈타인의 오리-토끼 형상을 한번에 보여 주려는 시도를 하고 있다. 「인류박물관에 갑시다」라는 포스터(그림 24)에서 이미지상으로 보기에 인간의 몸은 기형적이고 이상하다. 또한 언어만으로 보기에 알파벳 'H'의 활자는 균형 잡혀 있지 않다. 하지만 우리는 이 광고포스터에서 아무 문제없이

3장 · 광고포스터와 이미지-텍스트 85

'h'라는 언어를 읽어 내고, 동시에 '인간의 몸'이라는 시각적인 이미지를 발견한다. 미술사가 곰브리치Ernst Gombrich의 지적대로 "우리는 그것을 재현의 형태로 보기보다는 하나의 글자로, 그리고 하나의 이미지로 보도록 마음의 준비가 되어 있기 때문이다"(곰브리치, 『예술과 환영』, 228쪽). 마찬가지로 국제그래픽연합AGI, Alliance Graphique Internationale의 회의를 위해 계획된 포스터(그림 25) 속에서, AGi라는 텍스트는 대문자와 소문자가 이상하게 혼용되어 있다. 'G'라는 활자를 사람의 얼굴과 귀의 모습으로 치환하려는 시각적인 유희가 들어가 있기 때문이다. 마치 작시법에서 운 맞춤을 위해 시인이 앞과 뒤의 단어 순서를 바꾸고, 각운에 적합한 시어를 찾고 맞추어 나가듯, 사비냑은 이미지와 텍스트의 융합에 적합한 시각적·언어적 형태를 모색하고 있다.

텍스트를 관통하는 이미지는 텍스트를 변화시키며, 마찬가지로 이미지에 의해 통과된 텍스트들은 이미지를 변화시킨다. 이미지가 텍스트로, 텍스트가 이미지로 동화되어 가려는 접점, 이것은 다른 한편 언어와 이미지가 분리되지 않은 채 무한한 가능성을 지닌 코라와도 같은 지점이 아닐까? 즉 이미지와 텍스트가 교차될 수 있는 기원이 되는 지점 말이다. 텍스트와 이미지가 공존하는 포스터에서 작가들은 이 두 형제 같은 존재들이 합일하는 지점과 갈라지는 지점을 끝없이 실험하고 응시하면서 생성될 수 있는 다양한 의미망들과 감성들을 길어 올리고 있다.

4. 세계를 다르게 보게 하는 법, 사물을 존중하는 법

카상드르와 사비냑의 광고포스터의 경우를 통해서 우리는 이미지와 텍스트가 서로 대립하는 것이 아니라, 이미지는 텍스트를 통해 사유를 시작하고, 텍스트는 이미지화되어 글자 저 너머의 세계를 구현하고자 함을 볼 수 있었다. 카상드르는 대중과의 관계 맺기, 즉 소통의 목표를 향해 텍스트와 이미지를 교차시키고 융합시켰다. 그는 이미지가 텍스트에서 출발하며, 언어에는 이미지로서의 원초적인 힘이 들어 있다는 사실을 보여 주었다. 포스터 속 이미지와 텍스트는 의사소통의 투명성을 위해 서로 닮아 가고, 동일한 형태를 보이면서 메시지를 강화하는 데 기여했다. 그는 타이포그래피 연구를 통해 볼 수 있는/없는 것과 읽을 수 있는/없는 것 간의 관계망을 탐색하고, 지금까지 볼 수 없고 읽을 수 없었던 것을 보고 읽을 수 있도록 모색했다. 또한 이미지는 시간성을, 텍스트는 공간성을 표현할 수 있음을 제시하고, 독자들·관람자들·소비자들이 채워야 할 몫으로 비워 둔 '투명한' 이미지와 텍스트를 통해, 소통을 향해 열려 있는 포스터의 장을 개척하였다. 시각적 틈새와 텍스트의 틈새라는 보이지 않는 부분이 오히려 우리로 하여금 메시지를 새롭게 읽고 보게끔 만드는 의미 있는 부분임을 의미화한 것이다.

사비냑은 명료하고 간결한 이미지와 텍스트 속에 애매함의 간극을 집어넣어 포스터가 다의적으로 해석될 수 있는 길을 열었다. 그는 '문자 그대로의 은유'를 시각화하여 상투성에서 출발하여 그 상투성을 극복하는 상상력을 보여 주었다. 상업성과 메시지를 지향하는 종래의 광고포스터를 뛰어넘어, 그는 광고에 대해 질문하는 광고포스터, 메시지를 숨기기 위해 텍스트와 이미지가 서로 공모하는 포스터를 제시했다. 다른 한편으로 텍스트가 곧 이미지가 될 수 있는 도안을 형상화하여 텍스트와 이미지가 만나는 지점을 응시하고, 그것이 얼마나 풍요로운 의미와 형태의 장을 만들어 낼 수 있는지를 실험했다.

이 두 뛰어난 광고포스터 아티스트의 경우를 통해 우리는 보는 텍스트와 읽는 이미지가 서로의 관계에 대한 '전도'를 지향한다기보다는 변화 및 변신의 꿈을 위해 함께 나아감을 알 수 있다. 카상드르와 사비냑의 광고포스터의 경우처럼, 잘 만들어진 광고포스터 속에서 텍스트와 이미지는 상호 교환·교류·보완의 역할을 한다. 이미지는 텍스트의 의미와 전개에 큰 역할을 담당하며, 텍스트는 이미지와 어우러져 내재되어 있던 가시적·물질적 모습을 드러낸다. 끊임없는 형태 바꾸기를 통해 텍스트는 이미지로, 이미지는 텍스트로 영역을 넓혀 가고 있는 것이다.

광고포스터 속에서 텍스트와 이미지가 함께 지향하는 궁극적인 목표는 있는 그대로를 읽고 보는 것이 아니라, 읽을 수 없었던 것을 '읽을 수 있게', 볼 수 없었던 것을 '볼 수 있게' 하는 것이다. 동일한 목표 아래에서 텍스트는 순차적인 이미지가, 이미지는 공간화된 텍스트가 될 수 있는 가능성이 열린다. 카상드르와 사비냑은 광고포스터를 통해 상품이 아니라 사물을, 인간을, 세계 자체를 응시하게 하고, 기존에 있었던 세계를 다르게 보게 한다. 이들의 포스터는 상품을 파는 게 아니라 사물을 존중하는 법을 알려 준다. 여기에서 우리는 광고포스터가 온갖 학문과 예술 장르들의 주목을 받는 의미를 발견한다.

[4장]
영화 속 매체화된 몸과 에로스의 글쓰기

1. 몸·책·영화의 동일화

디지털 시대가 도래하자 기존 아날로그적인 매체의 디지털화가 가속화되고 있다. 종이책이 전자책과, 아날로그 필름이 디지털 필름과 공존하는 환경 속에서 살아가는 우리는 매체와 물질의 개념에 대해 새롭게 질문하지 않을 수 없다. 게다가 인간의 몸 또한 아바타라는 디지털적 분신을 갖게 됨에 따라 기존의 육체성에 대한 개념과 인식이 흔들리고 있다.

이런 배경에서 피터 그리너웨이 감독의 영화 「필로우북」(1996)은 고도의 디지털 기술들을 사용하여 아날로그적인 것의 본령을 다루고 있다는 점에서 흥미롭다. 이 영화는 인간의 차원, 문자의 차원, 영상의 차원이 교차되고 연결되는 지점을 다각도로 조명하여 보여준다. 몸·캘리그래피·에로티시즘이 결합되고, 영상 이미지와 문자가 교차하는 독특한 몸의 글쓰기를 창출해 내고 있어서, 디지털 시대에 서로 다른 매체들의 공존과 소통에 대한 성찰의 계기를 부여하고 있다. 그리너웨이는 동양의 전통적인 서체인 '캘리그래피'와 영화가 갖고 있는 두드러지는 특징인 '프레임', 인간의 본질적인 모습인 '육체성'과 '나체성'을 새로운 방식으로 보여 주고자 한다.

2. 종이·살갗·필름의 은유와 '몸의 언어'

이 영화는 종이·살갗·필름이라는 세 상이한 매체를 연결 짓는다. 그리너웨이는 이 영화의 의도를 "몸이 책처럼, 살이 텍스트처럼 읽히며, 텍스트를 통해 육체적 엑스터시에 도달하게 해주고자 한다"라고 설명한다. 종이와 필름으로 은유화된 몸이 글쓰기와 사랑의 행위를 결합시키는 매체로 기능하고 있는 것이다.

　　주인공 나기코의 아버지는 작가이자 서예가로 그녀의 생일마다 얼굴에 그녀의 이름을 써 준다(그림 26). 더불어 그는 "신이 인간을 창조하셨을 때, 그는 진흙으로 첫번째 형상을 만드시고 눈과 입술 그리고 성기를 그리셨다. 그리고 인간이 자기의 이름을 잊어버릴까 걱정되신 그는 그들 각각마다 이름을 써 넣어 주셨다"라는 말을 암송한다. 작가인 아버지는 창조주인 신과 동일화되고, 글자는 이성적 질서의 세계를 드러낸다. 한편 나기코의 고모는 나기코가 잠들기 전마다 일본 헤이안 왕조의 궁녀였던 세이 쇼나곤淸少納言이 천 년 전에 쓴 책『마쿠라노소시』まくらのそうし[枕草子], 즉 '필로우북'을 읽어 준다. 아버지와 고모가 나기코에게 반복해서 해주는 이 의식과 같은 행위

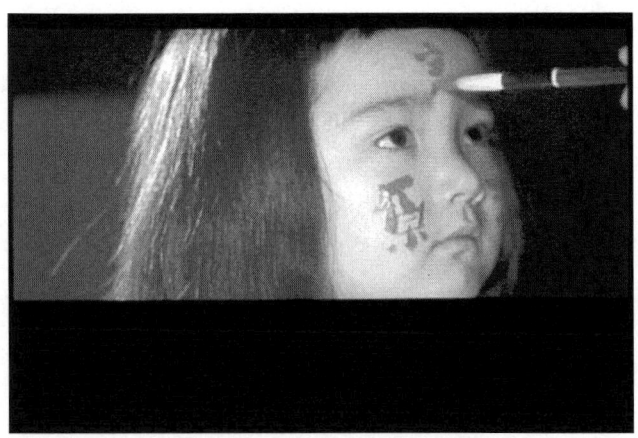

그림 26 어린 나기코의 얼굴에 아버지가 붓으로 이름을 써 주고 있다.

는 나기코가 성장하면서 간직하는 원형적 체험을 이루게 된다. 이후 나기코는 자신의 몸을 종이와 동일시하고, 애인에게서 아버지의 모습을 찾으며, 자신을 세이 쇼나곤과 동일시하게 된다.

　이 영화에서 아버지(남성)의 언어와 고모(여성)의 언어는 구분된다. 서예가인 아버지의 언어는 문자와 명명 행위로 이뤄진다. 영화는 아버지를 창조주인 '신'에 비유하고 있으며 이에 따라 창조주와 피조물, 붓과 종이, 수동과 피동이라는 권력관계를 노출시킨다. 고모의 언어는 언어라기보다는 소리이다. 나기코의 아버지가 출판업자와 동성애적 관계를 나누는 동안 고모는 나기코에게 쇼나곤의 책을 읽어 준다. 그 밖의 여성들은 종종 목소리로 존재한다. 나기코가 애인인 제롬과 목욕을 하는 장면에서 이상한 노래를 부르면서 접시를 돌리는 하녀, 나기코와 남자가 몸에 글씨를 쓰고 사랑을 나누는 동안 다른 방에서 노래를 부르는 그 남자의 아내 등 여성들은 권력이나 질서 바깥에 있는 소리나 노래로 등장한다. 나기코는 이 여성들과 차별화된다. 그녀는 종이라는 수동적인 역할을 담당하다가, "아버지를 영예롭게 하기 위해서 작가가 되겠다"라고 선언한 후 남자들의 몸에 직접 글씨를 쓰기 시작하면서 종이와 붓이라는 권력관계의 주체로 자리한다.

'마쿠라노소시'는 일본의 기생들이 나무로 만든 베개 안에 두고, 밤에 연인이 다녀간 후나 그전에 쓰곤 했던 비밀스럽고 사적인 일기를 가리킨다. 그것은 베개라는 사랑의 공간성과 일기라는 내밀성, 문학성을 상징적으로 지니고 있어서 문학과 에로티시즘을 강하게 결부시킨다. 그중 가장 유명한 세이 쇼나곤의 『마쿠라노소시』는 궁중의 계급제도, 은밀하고 분방한 성, 궁중에서 목격한 애정 행각을 담은 총 13편의 시로 구성되어 있다. 영화의 뒷부분에서 나기코 역시 총 13권으로 구성된 자신의 책을 완성하게 된다. 세이 쇼나곤은 화면 밖 관객을 응시하며 말한다. 인생에 불가분의 관계에 있는 두 가지 기쁨이 있으니 "그것은 육체의 기쁨과 문학의 기쁨, 나는 운이 좋아라. 그 둘을 공평하게 누리는구나"라고. 쇼나곤이 문학을 통해 육체의 기쁨, 감각의 기쁨을 노래했다면, 나기코는 육체를 통해 문학의 기쁨을 느낀다.

영화에서도 영상화된 것처럼, 세이 쇼나곤의 책에는 "흰 종이의 냄새는 비 오는 정원 밖으로부터 갑자기 방문한 새 연인의 살갗 냄새와 같고 / 검은 잉크는 옻칠한 머리카락 같고 / 펜은 쾌락의 도구와 같다"라는 비유가 나온다. 인간 육체의 일부를 몸 이외의 대상과 은유 관계로 연결하고 있는 이 비유는 16세기에 유행했던 문학 장르인 '블라종'blason을 환기시킨다. 블라종이라는 용어는 원래 문장紋章을 지칭했으나 더 보편적으로는 그것을 기술적인 용어로 설명하는 규칙들을 의미했다. 그 후 15세기 중엽 여성 몸의 블라종 기법이 문학 장르로 나타나면서 특히 1536년에서부터 1543년에 시인 클레망 마로Clément Marot에 의해 꽃을 피웠다. 16세기의 많은 시인들은 블라종의 주제로 몸의 '낮은' 부위들(배꼽, 배, 허벅지, 엉덩이, 발)을 주저 없이 선택했으며 선택한 부위들을 칭송했다. 이에 대해 장 클라랑스 랑베르는 "고대의 신성들과 예수의 이미지들을 별 불편 없이 뒤섞었던 시대에 자연스러운 과정인 '세속화', 성스러움의 위치 전환"을 읽어 낸다(Lambert, *Blasons du corps féminin*, p.9).

　블라종 기법은 시대와 작가마다 차이를 보이기는 하지만 무엇보다 여성 몸의 비밀스런 세계에 침투하고자 하는 시인의 욕망을 반영하는 사랑의 시라는 공통점을 갖는다. 블라종 시인 자신이 그가 선택한 신체 부위의 아름다움을 분석할 때마다 그는 이 아름다움이 자기 자신의 감성에 미치는 영향을 분석하게 된다. 이 문학 장르는 사랑하는 여성과 '연인-시인' 사이의 관계를 드러낸다. 몸은 응시하는 자와 응시되는 자, 대상과 주체 간의 관계를 보여 주는 장으로 기능한다.

　영화 「필로우북」에서 몸은 책을 은유화하고 있고, 따라서 피는 잉크, 척추는 장정, 책의 각 장은 근육, 언어는 머리카락을 비유한다는 의미에서 전체가 블라종의 원리를 갖고 있음을 알 수 있다. 앞의 인용에서 쇼나곤이 몸을 몸 이외의 것에 비유한 것이 아니라 반대로 종이, 먹, 붓을 인체에 비유하고 있어서 엄밀한 의미로의 블라종 기법과는 거리가 있다면(쇼나곤의 출발점은 늘 문학이고, 종이이다), 나기코가 "원천은 그녀의 것, 쓰여진 언어는 내 것"이라고 말한 다음의 비유가 더 블라종에 가깝다(나기코의 언어는 몸에서 출발한다). "뼈 단추와 같은 유두, 반쯤 열린 책 같은 발등, 조개껍데기 안과 같은 배꼽, 뒤집힌 접시 같은 배, 해삼이나 오이지 같은 페니스(특별한 필기도구가 아니다)." 나기코는 몸의 내밀하고 성적인 부위들을 형태적 유사성을 통해 몸 이외의 여러 대상들과 동일화하고 있다.

한편 이 영화는 고전적인 블라종 글쓰기와 더불어 영상적인 블라종 글쓰기를 행하고 있다. 나기코가 제롬의 몸에, 제롬이 나기코의 몸에 글씨를 써 주는 장면은 그 대표적인 예가 될 것이다. 전체 화면은 나기코의 팔을 클로즈업하여 왼쪽에서 오른쪽으로 써 나간 글씨를 보여 준다. 같은 화면에 작은 창이 다시 열리면서 카메라는 나기코가 제롬의 다리에 왼쪽에서 오른쪽, 위에서 아래로 글씨를 써 내려가는 장면을 따라간다. 쌓여 있는 종이책들 위에 나기코의 몸-책이 함께 포착된 후, 음악이 절정을 향해 갈 때 카메라는 나기코의 몸-책을 위에서 아래로 천천히 훑어 보여 준다. 황홀경을 느끼는 듯한 나기코의 얼굴 표정부터 가슴, 배, 그리고 한 손으로 가린 성기에 이르기까지(그림 27). 이것은 스트립티즈의 글쓰기라고 말할 수 있지 않을까? 하나씩 열거하는 것은 하나씩 벗기는 셈이 된다. 몸에 쓰여진

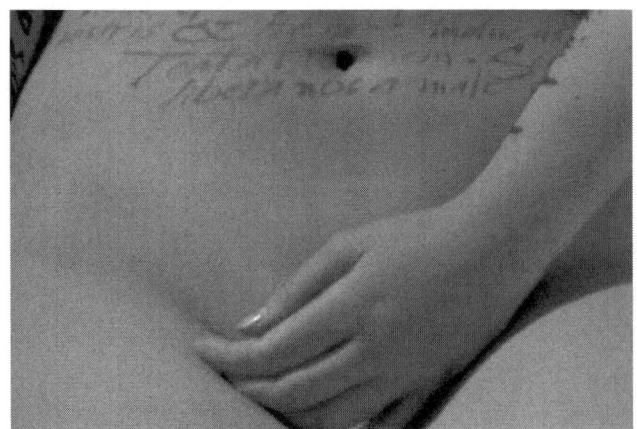

그림 27 카메라는 나기코의 몸-책을 천천히 훑는다. 한 손으로 가린 성기는 보티첼리의 「비너스의 탄생」을 연상시킨다.

그림 28 나기코는 자신의 몸에 쓰인 글씨들을 씻어 내고 다시 백지가 된다. 그녀는 양 팔을 벌리고 온몸으로 비를 맞음으로써 자유와 관능의 해방감을 육체의 언어로 표현하고 있다.

글씨는 주기도문이다. 검은색 잉크로는 영어로 된 주기도문이, 붉은색 잉크로는 라틴어로 된 주기도문이 쓰여진다. 고전적인 블라종처럼 성스러운 것과 성적인 것이 결합되고 있다. 종이에 쓰여진 주기도문과 몸-책에 쓰여진 주기도문의 의미는 달라진다. 몸-책을 읽는 독자들은 글의 표면만을 읽는 것이 아니라 마치 행간을 읽듯 그 이면의 욕망과 내밀한 무의식의 심층부로 파고들어 새로운 의미를 읽어 낼 수 있게 된다.

이렇게 몸은 소통 체계로 해석될 수 있는 고유한 육체적 행위와 몸짓을 갖고 있으며, 피에르 기로는 이를 '몸의 언어'라 지칭한다(Guiraud, *Le langage du corps*). 그렇다면 몸 위에 쓰여진 언어 이외에 이 영화에서 나타나는 '몸의 언어'는 어떤 것이 있을까? 영화에서의 몸은 단지 글씨가 쓰이는 '종이'라는 수동적인 역할만을 담당하지 않는다. 나기코는 늙은 서예가가 자신의 몸에 글씨를 써 주자마자 문을 열고 밖으로 나가 세차게 내리는 비를 온몸으로 맞는다(그림 28). 양 팔을 벌리고 얼굴을 젖히고 비를 맞는 몸동작은 나기코의 자유와 관능의 의미를 육체의 언어로 말하고 있다. 얼굴을 손으로 쓸어내리고 기쁨에 잠겨 하늘을 보는 행위는 몸에 쓰여진 기호들을 비워 내고 쓸어 냄으로써 스스로 새롭게 백지가 되는 의식이다.

몸의 언어는 관능의 언어이다. 영화의 주인공들은 촉각적으로 감지하고, 냄새를 맡고, 혀로 핥는 동작들을 수시로 보여 준다. 차갑고 부드러운 붓의 감촉을 온몸으로 느낀 후 마지막으로 붓 끝을 입술로 살짝 맛보는 어린 나기코, 살갗과 같은 종이 냄새를 맡는 세이 쇼

그림 29 몸-책에 광적으로 집착하는 출판업자는 크림을 손에 바르고 냄새로 맡고 혀로 핥는 관능적인 몸동작을 통해 자신의 육체적 욕망을 표현한다.

나곤, 크림을 손에 바르고 냄새를 맡고 혀로 핥은 후 나기코에게 자신의 손을 내밀며 냄새를 맡도록 하는 출판업자(그림 29) 등이 보여주는 몸의 동작들은 감각과 관능의 기호와 의미들을 생산한다.

영화 속 몸과 감각들이 환기시키는 다감각성 이외에도, 이 영화는 '촉지적 시각성'haptic visuality을 통해 관객들에게 '영화의 몸' 혹은 '영화의 살갗'을 느끼게 한다. 촉지적 시각성이란 카메라가 기억을 찾아 지속적으로 사진의 표면을 애무하는, 시각적으로 환기되는 촉각을 의미한다. 로라 막스는 "스크린으로서가 아니라, 기억의 물질적인 형태들과의 접촉을 관객에게 선사하는 세포막으로서의 영화의 살갗"의 개념을 통해 시청각적 매체가 갖고 있는 역동적 물질성에 대해 언급하고 있다(Marks, *The Skin of the Film*, p.243). 그리너웨이의 영화에서는 종이와 영상, 그 위로 다시 삽입된 영상들이 겹쳐지고 교차되어 여러 겹의 '살갗'을 느끼게 한다. 또한 영화는 뿌연 화면, 투명한 화면, 노란색·빨간색·파란색 등의 색채들이 수시로 바뀌는 화면들, 기억의 장면에서 회상을 하듯 물이 차오르는 듯한 화면, 틀과 빛의 유희가 만들어 내는 어른거리는 그림자에 지배된다.

3. 다중 프레임과 탈서사성

영화는 종이책과 손글씨인 캘리그래피를 지속적으로 보여 준다. 세이 쇼나곤이 『마쿠라노소시』에서 언급한 '세련된 것들', '찬란한 것들' 등의 목록들은 글자와 함께 이와 상응하는 시각적 대응물로 이미지화되어 나타난다. 붓으로 글씨를 쓰는 자유롭고 지속적인 흐름은 흘러가는 영상으로 표현된다. 캘리그래피와 타이포그래피, 간판 로고 등 이 영화에서 등장하는 무수한 글자들의 서체는 각양각색이며 글씨가 쓰여진 매체도 다양하다. 나기코는 수증기로 가득한 목욕탕 거울 위에, 온몸에 바른 면도 크림 위에, 손바닥 위에 글씨를 쓰고, 영화는 투명 필름으로 투영하듯 벽 위에 빛으로 춘·하·추·동 등의 글씨를 비춘다. 이러한 '빛-글씨'가 침대 위에 알몸으로 엎드려 일기를 쓰고 있는 나기코의 몸과 침대 전체에 투영된 장면(그림 30)은 인간과 사물, 배경 사이의 구분을 무화하고 그 전체가 하나의 종이가 되는 경험을 관객에게 제공한다. 한편 제롬과 나기코는 낱장으로 된 수많은 글씨가 쓰여진 종이가 깔린 침대 위에서 사랑을 나눈다. 문학의

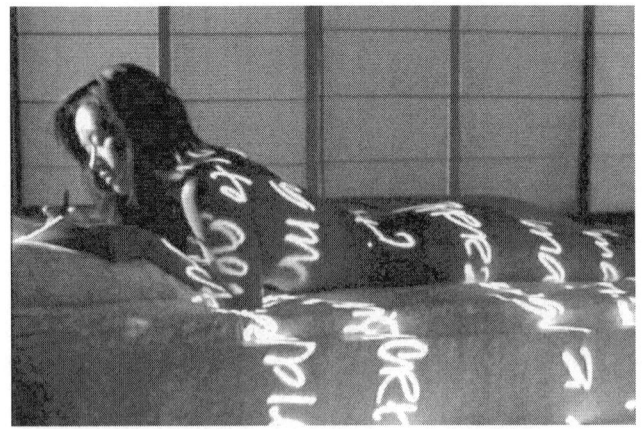

그림 30 침대 위에 엎드려 일기를 쓰고 있는 나기코의 나체에 빛으로 된 글자들이 투영된다. 그녀의 몸은 일종의 스크린이자 종이가 된다.

그림 31 손바닥에 쓰여진 글씨는 마치 종이인 것처럼 복사된다. 이런 방식으로 영화는 지속적으로 재현과 복제, 흔적을 알리는 기호들을 강조한다.

공간은 사랑의 공간이 되고, 사랑의 공간은 문학의 공간을 형성한다.

캘리그래피는 이미지이면서 동시에 뜻을 담고 있는 동양의 상형문자이다. 그것은 손으로 쓴(따라서 이미 근육감각적 몸이 내재해 있는) 그림-글자로서 문자 텍스트와 시각 이미지의 독특한 매체적 융합을 보여 준다. 즉 캘리그래피는 동시에 '읽고' '보는' 것을 가능하게 해준다. 그것은 대상의 형태를 모방하여 표현하면서도 이를 창조적으로 변형하고, 손으로 쓰는 행위의 과정에서 즉흥성이 개입되는 흥미로운 장르이다. 캘리그래피는 무엇보다도 몸짓과 리듬을 환기시키며, 정적인 것과 역동적인 것, 긴장과 이완, 육체적인 것과 정신적인 것을 함께 내재하고 있다. 이렇게 손글씨는 타이포그래피와는 달리 손의 힘과 속도, 리듬에 의해 좌우되는 매우 촉각적인 장르이다. 그런데 손글씨를 살갗 위에 씀으로써 촉각에 근육감각적인 의미가 더해진다. 그것이 연인의 살갗이었을 경우에는 당연히 에로티시즘의 의미가 더해진다. 등장인물들이 종이의 냄새를 맡고 붓을 입으로 적실 때, 시각·후각·청각·촉각·미각의 오감이 모두 동원된다. 이러한 동작들은 관능과 합일을 지향하는 에로스의 언어, 육체의 언어로 기능한다.

몸 위에 쓴 글씨는 재현과 복제, 흔적을 알리는 기호들이 된다. 영화는 몸에 글씨를 쓰고 베개 위에 그것을 찍기, 몸 위에 쓴 글씨를 사진으로 찍기, 몸에 쓴 글씨를 보기 위해 거울에 몸을 비추기, 손바닥에 쓴 글씨를 복사기 위에 놓고 복사하는 행위 등을 보여 주면서 지속적으로 재현의 주제를 환기시킨다(그림 31).

한편 전통 서예의 캘리그래피와 대조적으로 영화는 인쇄된 타이포그래피를 함께 보여 준다. 글 쓸 때의 기분까지 나타낼 정도로 개인적이고 개성적인 손글씨와는 달리, 타이포그래피는 객관적이고 비인격적이며 중립적이다. 그것은 "항상 정확하며 일정한 형태로 반복"된다(루더, 『타이포그래피』, 22쪽). "중요한 것은 가독성이 아니라, 대중에게 전달하는 시각적인 충격"(134쪽)이라는 타이포그래피의 문법이 이 영화에서 하나의 영화적 문법으로 작동한다. 그리너웨이 감독은 활자의 크기와 성격, 서로 다른 크기와 특징을 가진 활자들의 결합, 글자들 사이의 간격, 글자의 순서 변화, 일상적인 글꼴 탈피, 분산 효과를 얻기 위한 중복 인쇄, 화학적 수단으로 얻는 고의적 인쇄 결함, 페이지상의 독특한 본문 배치 등 타이포그래피가 텍스트를 시각적인 용어로 해석하기 위해 사용하는 방식들을 영화적인 언어로 실험하면서 글자의 이미지적 역할을 강조한다.

영화에서는 이미지가 글자의 배경이 되는 것이 아니라, 종종 글자가 영상 이미지의 배경으로 등장하는 전도가 일어난다. 글자 위에 이미지가 겹치고, 또 그 위에 다른 글자가 겹치기도 한다. 타이포그래피 연구가 에밀 루더Emil Ruder는 "낯선 글자 형태는 비록 읽지는 못한다 해도 무언가 호소력을 갖고 있다. 우리는 이러한 글자들을 말하자면 하나의 예술작품에 비견될 만한 형태적 유형으로 감상한다. 만일 우리가 그 글자들을 읽을 수 있다면 그 글자들이 형태로서 갖는 매력은 금세 사라지고 말 것이다"라고 이미지화된 글자의 의미를 언급한다(『타이포그래피』, 38쪽). 이것이 그리너웨이가 자신의 세계를 글자들로 가득 채우는 이유 중 하나일 것이다. 이 영화의 두 배경 중 하나인 홍콩은 기호로 넘쳐 나는 도시이다. 거리의 간판들은 여러 나라의 언어로, 다양한 글씨체로, 다양한 크기와 빛깔로, 밤에는 형형색색의 불빛을 내며 도시 전체를 매혹적으로 뒤덮는다. 그것은 도시의 몸 위에 입혀진 옷이자 도시의 몸 위에 쓰여진 글자이다. 흥미롭게도 그중 눈에 띄는 '신라여관'이라는 간판의 글자는 한국어를 아는 사람들에게는 제롬과 출판업자가 육체적 관계를 나누는 장소를 상징하지만, 그 의미를 모르는 사람에게는 하나의 아름다운, 의미가 텅 빈 기호로 작용한다.

피터 그리너웨이는 영상적 글쓰기를 통해서 자신이 '영화의 4대 폭군'이라 지칭한 텍스트, 프레임, 배우, 카메라의 체계적인 전도를 실험하고 있다. 그는 「요리사, 도둑, 그의 아내, 그리고 그녀의 정부」 The Cook, the Thief, His Wife & Her Lover(1989) 이후 테크놀로지를 실험하는 영화를 만들어 내기 시작한다. 「프로스페로의 서재」 Prospero's Books(1991), 「마콘의 아이」 The Baby of Mâcon(1993)에 이어 이 영화 「필로우북」에서는 HDTV라는 고화질 테크놀로지 이미지로 영화를 제작한다. 고화질 기술은 높은 해상도로 색 표현력이 확장되어 풍부한 색감의 영상을 얻을 수 있다.

이 영화는 프레임을 파괴하는 것이 아니라 동시에 여러 프레임을 사용함으로써 그 경계성을 오히려 부각한다. "프레임은 우선 물체의 테두리이고 촉각 가능한 물질적 경계"이다(오몽, 『이마주』, 193쪽). 그것은 가시적인 경계에 의해서 일상 세계와 분리된 예술작품임을 지칭하고자 하는 물질적 대상이며, 상상의 세계로 열린 창과 같은 이미지의 경계로 기능하기도 한다. 그리너웨이는 회화나 사진에서 익숙한 프레임의 개념을 극복하고자 한다. 그는 그 방법으로 비율과 사이즈가 서로 다른 여러 화면을 한 화면 안에 삽입하고 겹쳐 놓는 시도를 한다. 프레임의 크기와 가로-세로의 비가 계속 변화하며, 흑백과 컬러가 동시에 사용된다. 페이지의 개념을 새롭게 확대하여 마치 그래픽유저인터페이스GUI, graphical user interface처럼 하나의 창 뒤에 계속해서 겹쳐지는 창들을 통해 정보를 드러내고 있는 것이다. 이를 통해 "전통적인 의미의 책장이 스크린이라는 제한된 표면보다 훨씬 더 큰 가상의 페이지로 재정의된다"(마노비치, 『뉴미디어의 언어』, 124쪽).

"이 영화는 꼭 샌드위치 같다. 흑백으로 시작해서 중반부에는 컬러가 나타나고 다시 흑백으로 끝난다"라고 그리너웨이 스스로 언급하였듯이, 화면은 색을 바꿔 가면서 때로 겹쳐지기도 하고, 때로 분리된 복수의 화면이 되기도 한다. 나기코의 어린 시절은 흑백으로, 정사 이후의 장면에 육체에 새겨진 문신은 컬러로 처리된다. 스크린의 또 다른 화면에서는 세이 쇼나곤의 궁중 생활이 회상으로 펼쳐지기도 한다.

이중 프레임화surcadrage기법도 즐겨 사용된다. 프레임 안에 창문과 거울, 격자형 가구, 책장이 또 하나의 프레임으로 작용하는 것이다. 특히 이 영화에서 '거울'은 사각형으로 열리는 프레임과는 다른 상징성을 띠고 나타난다. 거울은 그 가장자리로 풍경을 가두기도

그림 32 나기코는 몸에 글씨 쓰는 행위를 조롱하는 남편과 다투고 난 후 처음으로 자신의 생일에 스스로 자기 이마에 글씨를 쓴다.

하고 보이지 않는 풍경을 보여 주고 반사하기도 하는 이중의 역할을 한다. 거울은 전방위적인 시각을 담보해 주는 깊이와 표면이 만나는 틀이며, 무의식까지 비춰 주는 틀 아닌 틀이기도 하다.

영화에서 나기코는 자신의 몸 위에 쓰여진 글씨를 보기 위해 끊임없이 거울을 든다. 나기코가 결혼 후 책의 가치도, 생일마다 몸에 글씨를 쓰는 의식의 가치도 모르는 남편 때문에 처음으로 거울 앞에서 스스로의 몸에 글씨를 쓰는 장면은 특히 상징적이다(그림 32). 여기에서의 공간은 기둥을 사이에 두고 두 개씩 가로로 길게 놓인 총 네 개의 거울로 분할된다. 왼쪽에 있는 거울 두 개는 화면에는 보이지 않는 책장을 동일하게 비추고 있고, 오른쪽에 있는 거울 두 개 중하나에는 나기코를 조롱하면서 가 버리는 남편의 모습이 비춰진다. 영화는 외화면을 사용해서 나기코가 보고 있는 시선을 따라 남편이가 버린 뒷모습을 상상하게 하는 것이 아니라, 거울이라는 독특한 프레임으로 남편의 모습을 화면 안으로 포획한다. 그 후 나란히 놓인 두 개의 거울은 울면서 스스로의 몸에 글씨를 쓰는 나기코의 모습을 이중으로 분할하여 보여 준다. 그리하여 종이의 역할을 했던 나기코가 작가이자 종이라는 매체이자 그것을 읽는 독자가 되는 동시적 체험을 하는 다중적인 정체성의 상징으로 기능하게 된다. 나기코가 거울을 보면서 글씨를 쓰는 장면이 노란색으로 처리되는 동안 파란색으로 처리된 창이 하나 더 열리면서 나기코와 남편이 막 결혼을 하고 오픈카로 퍼레이드를 하는 장면이 펼쳐진다.

거울 이외에도 일본 전통 가옥의 미닫이문 역시 이중 프레임화의 요소로 기능한다. 영화 초반, 고모가 세이 쇼나곤의 이야기를 들려주는 동안, 어린 나기코는 미닫이문을 열고 그 틈새로 아버지와 출판업자가 관계를 갖는 장면을 엿본다. 양쪽의 미닫이문과 가운데 열린 틈은 세 개의 프레임을 형성하고 가운데 프레임은 나기코와 관객의 관음주의적 시선을 유도한다. 성인이 된 나기코와 제롬이 식사하는 장면에서도 격자무늬 창살로 뚫린, 가운데가 열린 미닫이문이 프레임으로 기능한다. 식탁의 양쪽에 앉아 있는 나기코와 제롬의 공간을 미닫이문이 분할하여 출판업자의 존재를 두고 욕망의 대립 관계를 이루는 두 등장인물의 심리를 반영하고 있는 것이다.

이 영화는 다양한 방향의 유동적인 독서를 권유하는 장치들을 통해 전통적인 책의 텍스트적 방식에서 탈피한다. 플롯의 연속성은 수시로 단절된다. 출판사에서 전통적인 방식으로 책을 만드는 동일하거나 서로 다른 장면들이 화면 네 귀퉁이에 정사각형으로 열린 네 개의 다른 화면들을 통해 동시에 보여진다. 어린 시절의 기억, 홍콩에서 무명 시절의 기억, 모델로 성공한 후 패션쇼의 장면들, 천 년 전 세이 쇼나곤의 모습, 그가 쓴 『마쿠라노소시』의 페이지 등이 현재의 사건의 진행 속에 수시로 끼어든다. 삽입된 화면을 통해 과거의 나기코와 현재의 나기코, 세이 쇼나곤과 나기코, 아버지가 출판업자와 관계를 가지는 동안 출판사에 찾아간 어린 나기코와 제롬이 출판업자와 관계를 가지는 동안 출판사에 찾아간 성인 나기코, 어린 나기코의 몸에 글씨를 써 주는 아버지와 성인이 된 나기코의 몸에 글씨를 써 주는 제롬 등 과거와 현재의 동일 구조가 변형·반복되면서 보여진다. 한편 영상의 방향은 뒤에서 앞으로, 앞에서 뒤로, 왼쪽에서 오른쪽으로, 오른쪽에서 왼쪽으로 향하면서 쉴 새 없이 우리에게 혼란을 준다. 또한 활자·영상·소리 등 이질적인 미디어 유형들이 스크린 위에 떠다닌다.

이를 통해 그리너웨이는 텍스트가 주가 되는 위계질서를 전복시키고자 한다. 사실 왼쪽에서 오른쪽으로 향하는 우리의 독서 방향은 초기 그리스의 비문碑文에서 비롯되었다. 일본은 오른쪽에서 왼쪽으로 위에서 아래로 독서한다. 이렇게 문화적 전통에 따라 다른 방향으로 글을 읽는 특성들이 한 화면 안에 겹쳐서 드러난다. 서로 다른 방향으로 흘러가는 그리너웨이의 영상들은 마치 다방향으로의 독서를 유도하는 듯하다.

장과 절은 책의 중요한 특징이다. 이것은 위계를 예정한다. 하지

그림 33 나기코가 혀에 쓴 침묵의 책이다. 이렇듯 그녀는 육체의 내밀한 부분에 저항과 분노, 조롱과 야유가 담긴 13권의 책을 써 내려간다.

만 이 영화는 시작과 끝, 기승전결의 '위계'가 아니라 동등한 가치를 지니는 '목록'을 내세운다. 디지털 영화적 글쓰기는 위계와 분류 체계를 필요로 하는 도서관이나 거대한 서사적 진행을 필요로 하는 책이 아니라, 개개 텍스트가 특정한 순서 없이 놓여 있는 하나의 거대한 평면으로 스크린을 삼았다. 또한 나기코가 쓰는 13권의 책은 방황, 순수, 백치, 무기력, 자기선전가, 연인, 유혹, 젊음, 비밀, 침묵, 배신, 잘못된 시작, 죽음의 장으로 되어 있다. 즉 하나의 육체가 한 권의 책으로 기능하고 있다. 나기코의 13권의 책은 점점 은밀해지고 도발적이 된다. 겨드랑이·사타구니·혓바닥 속에 쓰여 있는 글씨는 저항의 기호, 분노의 기호, 조롱과 야유의 기호로 의미를 증폭하면서 확대된다(그림 33).

4. 관능적 기호와 에로스의 글쓰기

에로티시즘은 단순한 성적 활동과 구별되는, "단지 그것 자체를 목적으로 하는 광기 어린 욕망"이다. "가장 숭고한 예술이나 종교 세계의 밑바닥에도 에로티시즘이 가로놓여 있으며, 가장 비참한 범죄나 폭력 세계의 밑바닥에도 역시 에로티시즘이 가로놓여 있다"(시부사와 타츠히코, 『몸, 쾌락, 에로티시즘』, 22쪽)라는 점에서 에로티시즘에 내재한 복합적이고 모순적인 욕망의 에너지들을 발견할 수 있다.

「필로우북」에서 나타나는 에로티시즘 또한 복합적인 성격을 지니고 있다. 서예가 아버지가 딸의 몸에 붓으로 축복의 글을 써 주는 행위와 낭송하는 문구는 종교적이고 의식적이다. 한편 인간의 몸을 책으로 삼아 겨드랑이, 사타구니, 귓속 등에 글자를 써 놓고 마치 사물처럼 이리저리 굴리는 행위나, 제롬의 몸-책을 소유하고 싶은 욕망으로 시체의 피부를 벗겨 내는 출판업자의 행위 등은 폭력적이고 착란적이다. 신의 성스러운 행위, 창조성, 부성애의 가치는 파괴, 속된 집착, 도착, 근친상간, 남색 등과 동일한 가치를 지니며 에로티시즘의 스펙트럼 중 한 부분을 구성하고 있다.

이러한 「필로우북」의 글쓰기를 **침해의 글쓰기**라 정의해 볼 수 있다. 무수한 글자들은 하얀 백지, 벌거벗은 나체, 하얀 스크린을 뒤덮고 가로지른다. 이는 담벼락에 새겨진 그래피티, 몸에 각인된 문신의 욕망과 닿아 있다. 에로티시즘은 어떤 한계를 돌파하는 행위이자 규칙과 금지에 대한 침해 행위다. 동성애, 약물, 섹스, 자살, 엽기, 네크로필리아necrophilia, 도착 등 이 영화는 위반의 코드들로 뒤덮여 있다. 또한 이 영화는 우리에게 몸을 책이라 하고, 글씨를 영상이라고 하며, 책 읽기를 육체적 결합의 행위라고 말한다. 사회적 약속인 언어가 새로운 비유 체계의 틀 속에 위치하면서 새로운 가치와 의미를 부여받는 것이다. 이런 의미에서 이 영화는 에로티시즘이 갖는 침해의 기쁨을 영화 전체에서 표출시키고 있다. 모든 도착적인 쾌락의 밑바닥에는 '허락되지 않는 것'에 대한 기쁨이 그에 대한 공포감과 결합되어 있다. 이는 조르주 바타유Georges Bataille의 의미에 있어서의 '과잉', 즉 에로티시즘과 죽음, 욕망과 폭력 혹은 잔혹성 사이의 혼란스러운 결합을 내포하는 체계의 위반을 보여 준다.

이 영화의 에로티시즘은 또한 **혼종의 글쓰기**를 통해 표출된다. 혼종성은 이 영화에서 반복적으로 강조되는 키워드이다. 영화의 화면은 이질적인 것의 콜라주와 혼합을 보여 주고, 언어는 영어, 프랑스어, 일본어, 한국어(간판) 등이 혼합되며, 공간은 일본과 홍콩을 오가고 있고, 시간은 과거의 원형적인 시간이 반복되면서 쇼나곤의 시간, 어렸을 때 나기코의 시간, 성인 나기코의 시간 등으로 합쳐진다. 특히 나기코가 제롬과 사랑을 나눌 때 노래와 자막으로 흘러나오는 상송은 혼종의 주제를 잘 드러내 보여 준다.

> 그녀는 그 안에서 깨어나는가. 그 안에서 그를 몰아내는가
> 천사가 날아간다. 천사가 날아간다. 아름다워라
> 그녀는 그 안에서 몸을 웅크리는가. 그 안에서 은밀한가

> 한 남자가 변화한다. 한 남자가 변화한다. 이상해라
>
> 완벽한 혼합
>
> 그녀 안에서 날개가 교환되는가. 어두운 남자가 그녀 안에서 변한다.
>
> 천사가 질주한다. 금발의 천사가 혼란스럽게 한다. 부드러워라
>
> 완벽한 혼합
>
> 천사의 성기

노래와 함께 흐르는 자막의 내용은 남녀의 성적 합일과 그 합일이 상대방의 내면에 불러일으키는 변화를 노래하고 있다. 이 노래는 몽환적으로 반복되며, 특히 이 모든 것을 종합하는 키워드인 '완벽한 혼합'이라는 표현이 세 번 반복된다. 에로티시즘은 억제하기 어려운 통일과 융합의 욕망을 표현한다. 샹송에서 반복되는 '완벽한 혼합'이 바로 그러한 주제를 표출하고 있다.

이 영화는 궁극적으로 **에로스와 타나토스, 크로노스**가 합일되는 글쓰기를 보여 준다. 바타유는 『에로티즘』L'Érotisme에서 동물을 죽임으로써 성립되는 희생과 인간의 에로틱한 행위를 유사하게 보면서, 몸 안에 에로스와 타나토스에 의해 구성된 혼란스런 커플이 영원히 깃들어 있음을 밝힌 바 있다. 소멸로 이르는 과정에는 광기가 부각된다. "플라톤의 『파이드로스』편에 따르면 에로스는 일종의 '신내림'과 같은 영혼의 황홀경이다. 또한 일종의 광기이기도 하다. 그것은 무한하게 전진하면서 어떠한 것에 의해서도 채워지지 않는다. 오로지 완전무결한 것과 순수성만을 갈망하는 영혼의 상태인 것이다"(시부사

와 타츠히코, 『몸, 쾌락, 에로티시즘』, 43쪽). 「필로우북」에서는 인간을 파멸시키는 욕망과 광기의 주제가 『로미오와 줄리엣』을 모방하여 죽음을 맞게 되는 제롬을 통해 형상화되고 있다.

이 영화에서 책, 몸, 영화는 모두 소멸의 위기를 거친다. 몸에 쓴 글씨는 영원불멸하지 않으며 시간이 지남에 따라 빗물에 지워지거나, 목욕을 통해 씻겨 사라진다. 앞에서 언급했듯이, 나기코는 자기의 나체에 글씨가 쓰여진 후 밖으로 나가 그것을 빗물에 씻겨 내려가게 하면서 자유와 육체적 희열을 느낀다. 몸 위에 쓴 글씨는 사라지기 때문에 나기코의 몸은 끝없이 백지가 될 수 있고, 얼마든지 '다시 쓰기'가 가능한 팔렝프세스트palimpseste(이미 쓰여진 양피지 위의 글자를 지우고 다른 글자를 새롭게 쓴 필사본)가 될 수 있다. 또한 사랑과 열정의 위기의 순간에 책과 글씨들은 불태워진다. 제롬의 몸은 독약으로 타들어가 소멸되고, 광적인 탐미주의자 출판업자에 의해서 찢겨진다. 이러한 소멸성의 의미를 사드Marquis de Sade가 소설 『쥘리에트』Juliette의 에피소드에서 교황 브라시의 입을 빌려 다음과 같이 단언한 말에서 찾아볼 수 있지 않을까?

모든 존재들 안에 있는 삶의 원칙은 죽음의 원칙에 다름 아니다. 우리와 우리 안의 유아들은 삶과 죽음 모두를 동시에 다시 살아간다. …… 결국 우리가 받은 첫번째 삶과 우리가 죽음이라고 부르는 두번째 삶 사이에는 근본적인 차이가 전혀 없다. 왜냐하면 첫번째 삶은 여성의 모태에서 조직된 물질의 형성을 통해 생겨나고, 두번째 삶은 이와 마찬가지로 땅의 내장 속에서 새로워지고 다시 조직되는 물질의 형성을 통해서 생겨나기 때문이다. 따라서 소멸된 물질은 스스로 새로운 모태 속에서 정화된 물질로 이뤄진 미립자들의 씨앗이 된다. …… 그것은 죽음이 삶과 마찬가지로 필요하며 죽음이란 전혀 존재하지 않는다는 것을 당신에게 일깨워 준다. (Bonaparte, *Chronos, éros, thanatos*, p.139에서 재인용·)

죽음으로부터 삶이 생겨나며 대지는 썩은 물질 덕분에 비옥해진다는 사드의 생각은 이 영화의 결말을 환기시킨다. 이 영화의 마지막 부분은 소멸을 거친 책의 탄생, 생명의 탄생, 영화의 탄생을 보여 준다. 제롬의 죽음과 출판업자의 죽음으로 13권으로 된 나기코의 책은 완성되고, 나기코는 이를 계기로 비로소 자신의 필로우북을 쓸 수 있게 된다. 13권의 책은 순수(흰 백지와 같은 상태)에서 죽음(사랑의 절정을 알리는 글쓰기의 탄생)으로 향하는 여정을 보여 주기도 한다. 생의 여정(탄생/생일 → 죽음), 글쓰기(백지 → 글자로 채워지기 → 불타 없어지는 소멸), 사랑(별개의 두 사람 → 합일 및 절정 → 이별)을 드러내는 것이다. 그리고 소멸 뒤에 생성되는 것은 또 다른 생명과 완성된 작품이다. 즉 제롬은 죽었지만 그와의 사이에서 아이가 태어나 나기코의 축복을 받는다. 제롬의 몸으로 만들어진 책 위에서는 분재가 아름다운 꽃을 피우게 된다. 영화는 아버지가 어린 나기코의 몸에 글씨를 써 주는 장면으로 시작하여 스물여덟 살이 된 나기코가 자신의 딸의 몸에 글씨를 써 주는 장면으로 끝난다. 비선형적이고 줄거리가 일정하지 않은 다방향성의 영화는 이렇게 해서 수미쌍관의 통일성을 유지하면서 열린 구조로 완성되고 있는 것이다.

5. 예술과 사랑의 합일

이 영화는 책과 영화 간 교류의 중심에 몸을 위치시킨 채, 글자의 기호적인 아름다움과 의미, 영상이 갖는 유동성과 역동성, 육체성의 궁극에 위치한 관능성, 에로티시즘, 무의식적 욕망의 주제를 다루었다. 살 위에 쓰여진 글씨들은 몸이 숨을 쉬고 움직일 때마다 물결치듯 살아 움직였으며, 독자이자 관객으로 하여금 애무하듯 '몸-책'을 읽는 체험으로 안내했다. 몸과 책과 영화는 은유적인 관계로 동일화되면서 예술과 사랑이 합일되는 미학을 이뤄 냈다. 사랑하는 사람의 몸을 다른 사물로 비유하고 열거·찬양하는 전통적인 블라종 기법이 몸의 내밀함을 시각적으로 드러냈다면, 이 영화가 보여 주는 영상적인 블라종은 더욱 촉각적이고 직접적으로 몸을 둘러싼 금기와 관습의 옷을 벗겨내고 감각과 관능의 의미를 끌어내는 스트립티즈의 글쓰기를 보여 주었다.

그리너웨이 감독은 고화질 테크놀로지를 통해 이미지를 혁신하고 강력하고 풍부한 영상 언어를 만들어 냈다. 그는 「필로우북」을 통해 기존의 전통적인 매체들이 디지털이라는 새로운 매체와 어떻게 '이질적인 조화'를 이루며 어울릴 수 있는지를 보여 주었다. 그는 다중 프레임과 무의식적인 자아를 비춰 주는 거울, 유동적인 서사 구조를 통해 글씨를 쓰고 읽는 방향성, 작가와 매체와 독자의 관계성, 장·절의 구분과 의미, 프레임의 역할과 영화의 서사성, 몸의 감각과 의미 등을 세밀하게 질문하였다. 그것은 이미지와 텍스트가 혼합되면서 그 고유의 성격을 상실하는 것이 아니라 이미지를 구성하는 요소들과 텍스트를 구성하는 요소들의 본령이 무엇인지를 새롭게 부각하고 있다는 점에서 중요한 의미를 지닌다.

「필로우북」에서 나타나는 세 가지 글쓰기, 즉 종이 위의 글쓰기, 필름 위의 글쓰기, 몸 위의 글쓰기 방식은 서로 겹쳐지고 침투하면서 에로스의 글쓰기를 창출해 냈다. 이 영화에서 강조되는 '침해의 기쁨'은 에로티시즘의 핵심을 이룬다. 성스러움과 속됨, 관능과 폭력, 에로스와 타나토스가 병치·나열·결합되는 것은 남녀의 완벽한 융합을 이루는 사랑의 행위로 상징화되었다. 영화의 전체 구조는 생성에서 시작하여 죽음과 소멸을 통과하고 새로운 생성과 창조를 이루는 '열린' 반복적 구조로 의미화되었다.

이 영화는 몸에 관해 말할 뿐 아니라 책의 몸, 영화의 몸을 '독자-관객'에게 직접 느끼게 해준다. 나-타인, 주인공-관객은 감각적으로 연결된다. 여러 겹으로 쳐진 뿌연 화면이 표출하는 '촉지적 시각성'은 글자로 뒤덮인 나체와 마찬가지로 시각을 넘어서 다감각적으로 독자들과 교류할 수 있는 계기를 부여한다. 그럼으로써 이 영화는 언어가 가장 근원적인 커뮤니케이션 체계라는 점에 의문을 제기하고 있다. 몸에는 관능, 광기, 단죄, 저항, 분노, 조롱, 야유의 기호들이 구현된다. 몸은 중립적인 매체가 아니며 몸을 매체로 삼는다는 것은 육화의 욕망을 표출한다. 글자가 몸 위에 쓰여지고 타인의 시선에 의해(혹은 몸에 의해) 읽히고 지워지거나 소멸될 때 몸이 표현해 내는 '몸의 언어'는 관능을 향한 침해의 글쓰기, 합일을 향한 혼종의 글쓰기, 소멸 후의 궁극적인 생성을 향한 에로스/타나토스/크로노스가 합일된 글쓰기로 표출된다. 몸을 통해 육화된 글과 영상은 인간의 마음과 관능, 무의식을 읽고 쓰는 새로운 문해력을 제시하면서 관객으로 하여금 세상을 보고 읽어 내는 새로운 방식, 새로운 이데올로기가 무엇인지를 다각도로 사유하게 한다.

[5장]
캘리그램과 문자·시각언어 구사력

1. 형상시의 유희성과 다성성

텍스트와 이미지, 보는 것과 읽는 것, 시각적인 것과 언어적인 것의 경계는 점점 모호해지고 있다. 이를 통해 담론이 시각을 향해 열리고, 시각성이 담론적이 되는 상호매체적 혼종의 공간이 생겨난다. 일종의 '텍스트이미지'texteimage 시대에, 이미지는 텍스트를 염두에 둔 이미지가 되고, 텍스트는 이미지를 염두에 둔 텍스트가 된다. 그렇다면 기존 텍스트를 읽는 것과는 달리, 문자와 이미지, 언어와 형상이 서로 공존하고 융합하는 탈경계적 문화 현상을 읽어 낼 수 있는 새로운 독법이 필요해진다. 이에 대한 모색의 일환으로, 텍스트를 이미지화하여 새로운 현대 시 장르를 개척한 기욤 아폴리네르의 캘리그램 calligramme을 통해 '문자·시각언어 구사력'에 관해 질문해 보자.

캘리그램 이전에도 형상시形象時의 전통은 기원전 300년경 그리스 로도스 지방의 시인 시미아스Simmias 이래 지속적으로 이어져 왔

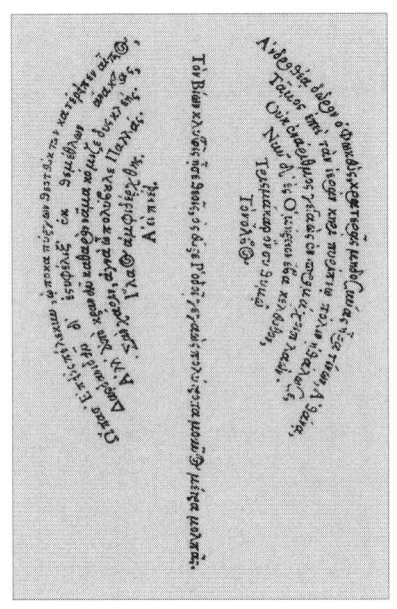

그림 34 시미아스, 「도끼」(Axe), 기원전 4세기경

지만(그림 34), 대부분 대수롭지 않은 시도나 유희적 차원으로 여겨져 낮게 평가되었다. 그것은 아폴리네르의 경우도 마찬가지이다. 아폴리네르 연구가 파스칼 피아Pascal Pia는 "그가 그림문자 놀이로 장난질을 했다고 해서 이를 결코 죄악시할 수는 없지만, 이 엉뚱한 장난을 대단한 일로 이야기하고 있는 것을 보면 놀랍다"(피아, 『아폴리네르』, 243쪽)라고 언급하면서 캘리그램의 문학성 논의 자체를 거부한다. 캘리그램이 아폴리네르 이후 자크 루보Jacques Roubaud 등의 시인들과 울리포OuLiPo 같은 시 그룹에 의해 실험 시의 전통으로 이어져 내려오고 있음에도 불구하고, 현대 문화 전면에 드러나는 것은

캘리그램의 무수한 광고적 응용 사례들이다. 상업적으로 전하고자 하는 메시지가 즉각적으로 전달될 수 있다는 점 때문에 광고에서는 오늘날까지 캘리그램을 즐겨 응용하고 있다.

그런데 형상시에 과연 단순한 유희적 측면만 있을까? 혹은 유희적 측면은 무조건 단순할까? 즉, 어떠한 미학적·문화적 의미도 내포하지 않는 것일까? 실상 캘리그램의 전체적인 시각적 형태는 단순하지만, 독자가 그 속에 쓰여진 시를 '읽고자' 하면 난감해지는 경우가 많다. 전체적인 형태를 위해 기존의 시구, 음절이 임의로 분절되어 있고 문법에서 일탈되어 있으며 구두점이 생략되어 있기 때문이다. 즉 캘리그램은 마치 수수께끼처럼 읽는 법을 스스로 찾아 나가는 과정에서 그 의미를 해독할 수 있는 시로, 일종의 "인내를 필요로 하는 게임"이 된다. 기존의 언어 관습에서 일탈하여 수수께끼처럼 던져진 언어시각적 텍스트는 읽기와 쓰기에 관한 문해력literacy의 문제를 제기한다. 캘리그램과 관련된 언어시각적 구사 능력은 형상시의 전통에 대한 평가절하 뒤에 숨어 있는 "음성 중심주의, 글쓰기에 대한 경멸, 현실의 복제로서의 형상의 개념"(Lapacherie, "Écriture et lecture du calligramme")을 비판적으로 드러낼 수 있을 것이다.

나아가 아폴리네르는 캘리그램을 통해 언어와 시각이 융합된 현대의 문화 텍스트를 읽어 낼 수 있는 새로운 독법과 문학적인 비전을 제시한다. 시인이 캘리그램을 통해 가독성을 포기하고 얻고자 했던 것은 무엇인가? 단순한 형태의 '가시성'을 얻기 위함만인가? 캘리그램의 내용과 형식은 어떠한 방식으로 연결되어 있는가? 또한 언어와 이미지의 혼종 영역을 읽어 내고, 그 언어를 구사하기 위해서는 기존의 접근 방법과는 다른 어떤 방법이 필요할까?

2. 보기와 읽기의 교차적 상상력

보는 것과 읽는 것은 서로 대립하는 행위가 아닌가? 우리는 그림을 볼 때 전체적인 조망과 함께 시각적인 요소 하나하나에 관심을 기울이며 우리의 시선을 사로잡는 부분 앞에서 한참을 머무른다. 눈앞에 펼쳐지는 전체적인 이미지를 건너뛴 채 바로 메시지를 찾으려 하지 않는 것이다. 반면 책을 읽을 때에 글자의 서체, 구두점, 배치 등 시각적인 요소 하나하나에 신경을 기울이게 된다면 "쓰여진 언어 속에서 정보들을 추출하여 직접 의미를 생산해 내는"(Foucambert, *La manière d'être lectuer*, p.54) 독서를 할 수가 없다. 독서는 우리에게 의미에 대한 기억을 남길 뿐 표기된 글자들의 이미지를 남기지 않기 때문이다. 이에 관해 프랑수아 리쇼도François Richaudeau는 다음과 같이 말한다.

> 우리의 눈이 풍경을 볼 때, 그것은 우리의 기억에 시각적인 추억을 전달한다. 우리는 다소 서투르더라도 이 풍경을 기억해서 그려 낼 수 있다. 그 관습적인 시각적 재현을 말이다. 그런데 똑같은 눈이 읽게 되면, 어떠한 시각적인 추억도 남아 있지 않게 된다. 독서 행위 직후에 남은 것이라곤 시각적 혹은 청각적인 실체가 제외된, 탈육화된

언어의 연쇄밖에 없다. 혹은 종종 일련의 추상적인 생각들만이 남게 된다. 그래서 우리가 주의 깊게 읽고 있는 도중에 활자들이나 단어들을 보았다고 객관적으로 단언하기란 불가능하다. (Richaudeau, *La lisibilité*, pp.27~28)

그렇다면 게슈탈트 이론의 토끼-오리 그림처럼, 보고자 하면 읽는 것을 포기해야 하고, 읽고자 하면 보는 것을 포기해야 하는가? 이러한 생각은 보고 읽는 기제를 형식과 내용의 관계로 상정하고, 이 둘은 철저히 분리되어 있어서 형식이 내용에 어떠한 영향도 미치지 않는다는 것을 가정하고 있는 듯 보인다. 하지만 실상 독서의 과정을 생각해 보면 시각적 인상을 배제한 채 읽기란 불가능하다. 글자체, 글자 크기, 배열 등의 시각적인 요소는 읽는 것에 직·간접적으로 지대한 영향을 미치고, 마찬가지로 무엇을 읽는 행위는 행간의 의미뿐 아니라 시각적 인상을 포함하기 마련이다. 다만 그것을 의식적으로 인식하지 않고 있을 뿐이다. 이렇게 문해력의 문제는 보고 읽는 관계에 대한 기존의 사고를 문제 삼을 뿐 아니라, 인쇄된 텍스트의 시대가 가져온 침묵의 쓰기와 읽기 행위를 문제 삼는다. 작가와 독자는 모두 입 밖으로 소리를 내지 않은 채 텍스트를 쓰고 읽음으로써, 텍스트에서 글의 구술성이 사라지거나 혹은 가시적으로 드러나지 않은 채 종종 내면화된다.

한편 텍스트를 '읽는 기술'은 어떻게, 어떤 순서로 읽을 것인가라는 문제를 제기하면서 사유하고, 분석하고, 받아들이고, 기억하고,

텍스트를 재구성하는 전 과정을 포함한다. 숙련된 독서가인 우리는 명시된 독법 없이도 책을 잘 읽는다. 그런데 글자와 이미지가 어우러진 텍스트, 이미지화된 텍스트는 이러한 전통적인 그리고 경험적인 독서 방식을 문제 삼는다. 1920년대 엘 리시츠키El Lissitzky를 대표로 하는 러시아 구성주의 유파는 글자들의 배열을 통해 사고를 '공간화'하고자 했다. 언어적 관습에 의해서 사고를 소통시키고자 하는 기존의 텍스트를 넘어서려 한 것이다. 즉 언어에 있어서 타이포그래피적 요소와 텍스트 구성에 있어서 공간성을 중시하면서 지형학적 텍스트 독법을 유도한다. 주지하다시피 지형학은 장소와 위치를 연구하는 학문이다. 그렇다면 공간화된 구성주의 텍스트를 읽어 낼 때 우리가 유의해야 하는 것은 바로 '지형학적 독법', 즉 지면을 구성하는 공간 속에서 타이포그래피 기호들이 어떤 관계를 가지게 되는가라는 문제가 된다.

폴 로베르Paul Robert가 펴낸 프랑스어 사전에 따르면, 글쓰기의 본래적 정의는 "기호에 의한 말과 생각의 재현"이지만, 구성주의적 글쓰기는 '기술적 움직임'이자 '공간화 과정'이 된다.

글쓰기를 기술로 사유한다는 것은 기호가 새겨지는 물질적 기반을 글쓰기의 일부로 포함하여 보도록 배운다는 것을 의미한다. 그것은 표면을 형상의 일부로 인정한다는 것을 의미한다. 그것은 공간을 의미의 일부로, 또한 시간과 불가분의 관계로 생각하도록 배운다는 것을 의미한다. 또한 그것은 언어에 대한 어떤 이해와 맞물린 글쓰기의 개념을 해체함을 의미한다. (Mariniello, "La litéracie de la différence", p.173)

마리니엘로가 위에서 지적한 물질·표면·공간·탈언어라는 네 가지 핵심 요소는 전통적인 언어 기반 텍스트를 벗어나 언어시각적 텍스트를 다룰 때, 즉 문자·시각언어 구사력에서 핵심적으로 고려해야 할 중요한 사항이라 생각된다. 구성주의는 인쇄된 표면에 주목하면서 글쓰기와 매체 사이의 조형적인 관계뿐 아니라, 글쓰기의 지각에 있어서 이차원적인 성격과 감수성과의 관계를 문제시했다 (Porchet, "Appareil et phénoméalité", p.190). 타이포그래피의 대조적인 구성은 의미를 생산하기 전에 감성적인 측면을 강화하는 데 사용된다. 리시츠키는 소통의 현상들이 시각적 차원에서 일어나지 언어의 차원에서 일어나지 않는다고 암시한다. 타이포그래퍼들의 '모자이크적인' 구조는 선조적인 질서를 깨고 글자와 이미지의 이질적이라고 여겨지는 공간들을 연결시킴으로써 고전적인 공간의 통일성을 무너뜨린다.

말라르메Stephane Mallarmé와 아폴리네르 등 몇몇 시인들의 경우를 제외하고 문학 전통에서 이러한 성격을 탐험했던 경우는 매우 드물었다. 말라르메는 시집 『주사위 던지기』Un coup de dés에서 타이포그래피적 글자체의 서로 다른 사이즈와 폰트를 사용하여 시 페이지를 시각적으로 두드러지게 부각시켰다. 그는 쓰기에 대한 반성과 탐색의 과정들을 '글쓰기에 대한 글쓰기' 과정을 통해 구현함으로써

'쓰고 읽기'의 새로운 방식의 문제를 제기한다. 시인은 이 시집을 통해 개인과 우주와 언어의 질서를 새롭게 수립하고자 했다. 그 구체적인 방법으로 두 페이지를 하나의 '장'Feuillet으로 삼는다든가, 페이지의 펼침면을 고려하면서 구성주의자들과 마찬가지로 '지면' 자체를 강조했다. 말라르메는 캔버스화된 백지에 기호 작용과 의미 작용을 결부시켜 글쓰기에 대해 질문하는 글쓰기라는 메타적 문해력의 길을 제안하고 있다.

읽기와 쓰기의 과정을 포함한 전반적인 언어 구사력을 의미하는 '문해력'(리터러시)은 문자 텍스트 이외의 영상·소리·미디어·문화 텍스트를 창조하고 읽어 내기 위해 사용된다(이러한 능력을 비주얼 리터러시, 미디어 리터러시, 컬추럴 리터러시 등으로 부를 수 있다). 전자 미디어 환경에 의해 문화 활동들이 빠르게 변화하는 상황에 대처할 수 있는, 새롭게 확장된 형태의 독해력인 문해력이 필요해진 것이다. 광의의 개념의 문해력은 개인들의 추상적인 자질이 아니며, 읽고 쓰는 능력을 넘어서 "우리의 생각과 우리의 경험을 구조화하는 모든 인식론적 체계"이다(Mariniello, "La litéracie de la différence", p.166). 문해력은 언어를 중심으로 한 지식 체계, 언어 중심주의를 넘어 언어 이외의 뉴미디어들, 즉 사진, 영화, 전자 미디어 등을 대상으로 삼는다. 이렇게 문해력의 문제를 제기한다는 것은 기존의 언어 중심주의에 대한 권력과 저항의 문제를 제기한다는 것을 의미한다.

이에 자크 아니Jacques Anis는 가시성visibilité과 가독성lisibilité을 합친 신조어 '시가독성'vilisibilité을 제안한다. 이는 "글자로 표기된 형

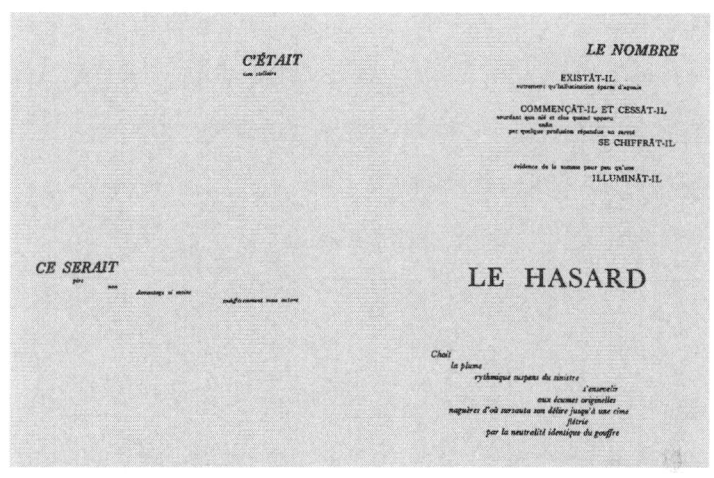

그림 35 말라르메, 「한 번의 주사위 굴리기가 결코 우연을 폐기하지 못하리라」(Un coup de des jamais n'abolira le hasard), 1914.

태들이 시에 낯선 몸체도 아니고, 코드 해석의 투명하거나 불투명한 매체 혹은 중계도 아니며, 텍스트의 동위성들에 일체화된 시니피앙의 몸체임"을 드러낸다(Anis, "Vilisibilité du texte poétique", p.89). 아폴리네르의 캘리그램은 텍스트와 그림의 단순한 합도, 음성 배열과 글자 배열이 합쳐진 시구도 아니며, 글자·구두점·공간 배열이 텍스트 속에서 시니피앙스signifiance를 만들어 내는 결과물이다. 미셸 리파테르Michel Riffaterre는 언어학적 언술에서의 일반적인 의미와 시적인 의미를 구별하기 위해 시니피앙스라는 용어를 제안했다. 시니피앙스를 위해 언어, 여백, 이미지, 음성뿐 아니라 지면의 크기, 타이포그래피, 구두점 등 모든 것이 시에서 의미를 갖는다는 것이다 (Vaillant, *La poésie*, p.118에서 재인용). 말라르메의 「한 번의 주사위 굴리기가 결코 우연을 폐기하지 못하리라」(그림 35)가 텍스트의 공간적 해방을 선언했듯이, 타이포그래피의 가치 부여는 시적인 원리의 확장을 의미한다. 모든 기표적 측면들은 독립적인 시니피에를 갖고, 총체적인 의미 산출에 기여한다.

반면 시적인 우위를 점하고 있는 텍스트들 안에서 기표는 모든 차원의 시니피앙스의 과정 속에서 형태와 무게를 갖는다(Anis, "Vilisibilité du texte poétique", p.89). 캘리그램은 독자들이 타이포그래피의 미메시즘을 통해서 텍스트가 형상화하는 것과 텍스트 사이의 유추 관계를 간파해 내야만 문학적인 의미를 획득한다. 독자들은 페이지 속 언어의 위치, 줄 간격, 활자 크기 이 모든 것의 의미를 고려해서 독서를 해야 한다. 그 구체적인 과정을 자세히 살펴보자.

3. 아폴리네르의 캘리그램과 문자·시각언어 구사력

아폴리네르의 시는 기술 변동의 시대와 맞물려 있다. 이 시대에는 많은 발명품들이 등장하였는데, 예컨대 엑스레이·영화·무선전신·지하철·항공기·자동차·전구 등이 발명되어 일상의 변화가 활발했다. 이러한 변화의 시대에 대한 예술적 대응으로, 아폴리네르는 1917년 11월 26일 비유콜롱비에 극장에서 '새로운 정신'이라는 주제로 강연을 한다. 여기에서 시인이 피력한 자신의 예술 원칙들을 보면, 고대에 대한 종속적인 모방에서 벗어날 것, 낭만주의의 무질서를 피할 것, 광적인 바그너 풍을 거부할 것, 가장 핵심을 상상력에 둔 채 고전적인 것들의 의무의 방향과 비판 정신을 추구할 것, 삶을 고양시킬 것, 놀라움의 효과를 통해 새로움을 추구할 것을 그 중요한 내용으로 삼고 있다.

아폴리네르는 여기에서 "왜 시인은 전화, 무선전신, 비행술의 시대에 그것들과 적어도 동일한 자유를 갖지 않는가"라고 질문한다. 이러한 질문은 아폴리네르의 캘리그램을 읽어 내는 데 중요한 단서를 제공한다. 그는 캘리그램을 통해 시에 시각성과 공간성을 부여하려 했을 뿐 아니라, 기술 변동 시대에 대한 일종의 시적인 해답을 제시하고자 했던 것이다(Apollinaire, "L'Esprit nouveau et les poètes" 참조). 미셸 뷔토르Michel Butor는 아폴리네르의 『캘리그램』에 붙인 서문에서 캘리그램이 "이상적인 자유시이며, 활자가 빛나는 제 생을 마감하고 영화와 축음기라는 새로운 재생 수단이 도래하는 시대에 활자의 명확함이다"라고 언급하고 있다. 계속해서 뷔토르에 의하면 아폴리네르는 "문화 변혁이 새로운 재생과 전송 수단의 출현과 연관되어 있음을 시적으로 이해한 선구자들 중 한 명"이었다. 시인은 기계적 상상력과 동등한 자유를 갖는 시적인 상상력을 발휘하기 위해 무엇보다 타이포그래피에 주목하게 되고, 상형시의 전통을 이어 시를 시각화하려는 여러 시도를 『캘리그램』을 통해 보여 주게 된다.

캘리그램은 재현된 대상의 형태를 갖고 있는 시이다. 그리스어로 칼로스kalos는 아름답다는 뜻이고, 그라마gramma는 글자라는 뜻을 담고 있다. 1914년 6월, 아폴리네르는 『파리의 야간 파티』지에 자신의 첫 '서정적 표의문자'인 「글자-대양」을 게재한다. 그 후 그가 제

1차 세계대전 동안 전선에서 쓴 시들은 그가 죽은 해인 1918년, 『캘리그램』이라는 제목으로 출간된다. 그 부제는 '전쟁과 평화의 시편'이다. 삶과 죽음의 기로에서 실존이 위협당하는 상황 속에 왜 시인은 시각적 유희를 향한 이런 역설적인 창작의 길을 택했을까? 그리고 쓰여진 캘리그램이 과연 '시각적 재미'만을 목표로 한 것이었을까?

시집 『캘리그램』은 순수한 의미의 캘리그램들만 실은 것은 아니었고, 서로 다른 여러 형식의 시 텍스트들을 싣고 있다. 이 시집에는 고전적인 운 맞춤, 8음절의 시구, 비가적인 서정시, '오'라는 감탄사, 두운법을 비롯한 운 맞춤 등 전통적인 요소가 내재되어 있다. 그리고 시를 공간화하고, 전통적으로 시가 다루지 않았던 시니피앙스의 요소를 끌어들이는 혁신성을 함께 내포하고 있다. 대체로 8음절 5행으로 된 긴 정형시에 가까운 「언덕」에서부터 대화시 기법(큐비즘처럼 거리나 도시 공간 속 여기저기에서 들리는 소리들의 단편들을 콜라주처럼 조합하는 방식)을 실험한 「월요일 크리스틴 가街」에 이르기까지 다양한 시 텍스트로 이뤄져 있다. 『캘리그램』은 이렇게 시인이 추구하고자 한 전통과 현대의 혼합을 잘 드러내 보여 준다.

이런 점에서 아폴리네르는 자신의 시도를 이탈리아 미래파와 구분했다. 그는 1914년 펠리시엥 파귀스Felicien Fagus에게 보낸 편지에서 다음과 같이 쓴다. "나는 결코 미래파가 아니다. 나는 내 표의문자들에 자유 시구가 아니면서도 이른바 고전 시구로 추락하지 않는 형태를 부여하고자 노력했다. 내 이미지들은 시의 가치를 갖는다"(Boschetti, *La Poésie partout*, p.314에서 재인용). 이는 과도기에 놓여 있는 시인의 모습을 잘 드러내 준다. 그는 근대와 완전히 결별하고 현대로 나아가려고 한 것이 아니라 근대와 현대를 종합하고자 했고, 자신의 캘리그램이 자유시와 고전시의 교차로 역할을 하기를 바랐다. 또한 시가 조형성을 갖는 것만큼이나 이미지가 시의 가치를 갖게 하고자 했다.

『캘리그램』이 출간되자 파귀스 등은 이미 오래전에 시도된 하나도 새롭지 않은 상형시들이라고 공격하였지만, 아폴리네르는 단순한 상형시를 넘어서는 캘리그램의 중요한 의의를 이미 다음과 같이 밝힌 바 있다. "내 시들의 병치된 형상들 사이에 존재하는 관계들은 그것을 구성하는 언어만큼이나 서정적 표현력을 갖고 있다"(Debon, *Calligrammes dans tous ses états*, p.43에서 재인용).

그가 말한 서정적 표현력은 1917년의 '새로운 정신' 강연에서 '시각적 서정'이라는 말로 좀더 견고하게 강조된다.

> 인쇄상의 기교를 매우 대담하게 밀고 나가면, 우리 시대 이전까지는 거의 알지 못했던 시각적인 서정을 탄생시킬 수 있는 이점이 있다. 아직 발전의 여지가 매우 많은 이 기교를 통해 미술과 음악과 회화와 문학의 종합이 성취될 수 있다. (Apollinaire, "L'Esprit nouveau et les poètes", p.911)

장-피에르 보비요Jean-Pierre Bobillot에 의하면, 캘리그램의 시각적 형상은 구상성을 갖고 있다기보다는 도상성 혹은 조형성을 갖고 있다. 페이지 위에 쓰여지거나 인쇄된 물질의 배치는 가시적이라기보다는 '투시적'이라고 할 수 있는 특별한 형태들을 띠고 있어서, 시각적 시니피앙, 음성적 시니피앙, 시니피에의 모든 차원에서 시의 독서에 영향을 미치게 된다(Bobillot, *Trois essais sur la poésie littérale*, p.39). 한편 아폴리네르는 1915년 11월 19일 장-이브 블랑Jean-Yves Blanc에게 보내는 편지에서 캘리그램의 시각적 '단순성'의 이유에 대해 설명한다.

> 나는 내 작품에 관해 일곱 명 이상의 애호가들을 기대하지 않습니다. 하지만 나는 그들이 성별, 민족, 국가가 서로 다른 사람들이길 원합니다. 나는 미국의 흑인 권투 선수, 중국의 황녀, 독일의 기자놈, 스페인의 화가, 프랑스의 좋은 혈통의 처녀, 이탈리아의 젊은 여성 농부, 그리고 인도 출신의 영국 장교가 내 시구들을 좋아하길 바랍니다. (Debon, *Calligrammes dans tous ses états*, p.44에서 재인용)

인용문에서 우리는 아폴리네르가 자신의 시의 열린 접근 가능성을 중시했음을 알 수 있다. 시구와 언어 자체가 표의적인 배열 속에 놓이면서 언어는 도상화된다. 이를 통해 시가 인종과 젠더, 계급 구분을 넘어서 마치 픽토그램처럼 한눈에 시각적으로 파악될 것을 고려했던 것이다. 실상 아폴리네르의 캘리그램은 타이포그래픽 디자인처럼 글자로 형태를 만듦으로써, 시계에 관한 시는 시계 모양, 넥타이에 관한 시는 넥타이 모양을 하고 있다. 그는 이러한 방식으로 넥타이, 시계, 에펠탑, 집, 심장, 왕관, 거울, 비, 만돌린, 비둘기, 물 등 여러 캘리그램을 통해 언어로 오브제를 구현했다. 그런데 우리가 단순히 시계와 넥타이에 관한 시를 글자의 배열과 모양으로 가시화했다는 것만을 주목하면 캘리그램의 의미를 축소시키는 것이다. 자세히 들여다보면 시의 시각화는 제목이 이미 말해 주고 있는 것 이상의 정보를 우리에게 주지는 않는다. 시각화가 의미 있는 것은 시인이 시각적으로 배열한 단어들을 따라가면서 의미-형태적 독서를 함께 수행할 때이다.

캘리그램에서 글자는 읽히기 전에 먼저 보여진다. 먼저 보고 그 다음에 읽기라는 과정은 시인이 배열하고 유도한 대로 시선의 선을 그으며 공간을 따라 독서를 하게 만든다. 문자가 사물 전체의 윤곽을 그리기 때문에 아폴리네르는 표의문자에서 한 걸음 더 나아간다. 아폴리네르의 캘리그램은 '보기'와 '읽기'라는 구분되는 기제가 어떻게 긴밀하게 연관되어 있는지, 그리고 서로에게 어떤 영향을 미치면서 의미망을 풍요롭게 직조하는지를 보여 준다.

그 두드러진 예로 「풍경」(그림 36)을 보자. '풍경'이라는 제목은 시각적·공간적·지형학적 상징을 내포하고 있다. 풍경은 직접 가서 보는 것이기도 하지만, 풍경을 구성하는 개별 대상보다는 그 모든 것들이 어우러져 만들어 내는 전체적인 조망과 인상, 기억과 흔적을 환기시키는 것이기도 하다. 그래서 풍경은 서정과 닿아 있다. 시인은 이 캘리그램에서 자신이 말한 '시각적 서정'의 정수를 담아내고자 했을까?

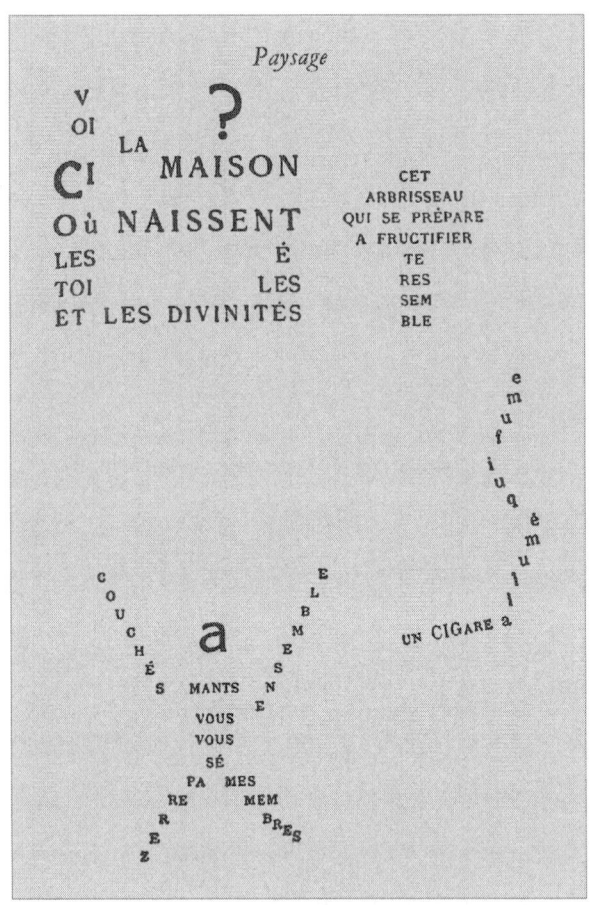

그림 36 아폴리네르, 「풍경」, 1918. (*Calligrammes*, p.27)

여기에서 집, 나무, 연기를 내뿜는 시가 담배, 두 팔을 하늘로 뻗은 인간의 형상은 시의 제목인 '풍경'을 형성하고 있다. 언어의 시각화로 인해 네 개의 소주제들이 동시에 한 공간에서 파악된다. 네 캘리그램들은 페이지 공간에 자유롭게 배열되어 있으며 각각 고유의 내용을 갖고 독립적으로 놓여 있어서 독자들은 어느 캘리그램을 먼저 읽어도 된다.

이 캘리그램은 '집'의 형상의 굴뚝 부분에 놓인 물음표를 제외하고는 구두점이 생략되어 있어서 의미 해석의 다양성을 열어 놓는다. 게다가 유일한 구두점인 물음표조차도 시구의 끝이 아니라 첫 머리에 애매하게 놓여 있어서 '여기에 있다'voici로 시작하는 시구에 걸리는 것인지(단언하고 보여 줘야 할 제시어 voici와 의문을 제기하는 물음표는 서로 맞지 않는다), 아니면 맨 위에 쓰인 제목 '풍경'paysage에 해당되는 것인지 알 수 없어서, 궁극적으로 무엇에 대한 물음인지 확실하지 않다. 즉 물음표는 집의 통사나 다른 어떤 캘리그램의 통사에도 맞지 않는다. 그래서 이는 "모든 풍경에 적용되는 근본적인 물음표"로 분석되기도 한다. 이러한 근원적인 물음표를 통해 "「풍경」은 탄생, 시간의 전이, 사랑, 축제의 기분이라는 인간 삶의 근원적인 측면들을 서정적으로 환기시킨다"는 것이다(Campa, *La poétique de la poésie*, p.123).

독립적이면서도 서로 연관 관계를 갖고 있는 이 캘리그램들을 읽으면서 시선은 지그재그, 대각선, 가로, 세로 방향으로 분주하게 오고 가게 된다. 이에 따라 독서의 방향을 찾고, 의미를 만들 수 있는 독서를 위해 더듬어 읽는 독서 방식이 생겨난다. 활자는 유연성을 갖고 커지고 작아지고, 또한 대문자와 소문자가 섞이고 어울려 형태와 의미를 표현하게 된다. 이 캘리그램들 속에 소문자는 인간의 머리와, '연기를 내뿜는 불붙인'allumé qui fume이라는 시가의 수식구로 사용된다. 대문자보다 유연한 소문자는 가늘게 올라가 사라질 연기의 모습을 시각적으로 표현하고 있다.

 자라나는 나무와 연소하는 시가는 시간에 대한 같은 경험의 두 측면들을 재현한다. 로랑스 캉파는 이 캘리그램을 분석하면서, 집과 나무가 뿌리박음, 견고함, 생산성을 의미한다면, 인간과 시가는 일시성과 죽음을 의미한다고 본다(Campa, *La poétique de la poésie*, p.122). 하지만 이 캘리그램을 '읽고' '보는' 과정에 집중해 보면 캉파의 보편적인 분석에서 결여된 섬세한 뉘앙스가 부여되어야 함을 깨닫게 된다. 캘리그램을 '읽어' 보면 전체적으로 집, 나무, 인간, 시가는 탄생, 열매 맺기(창조), 해체, 소멸을 노래하면서 풍경 전체가 '창조'의 테마를 중심으로 탄생에서 죽음에 이르는 상징적 차원을 내포함을 알 수 있다. 그런데 캘리그램을 '보면', 집과 나무가 무정형의 백색 공간 위에 놓여 있음을 발견하게 된다. 심지어 인간과 시가가 접한 위치보다 지면의 상부에 위치함으로써 그냥 떠 있다는 인상을 준다. 결코 견고하게 뿌리박고 있지 않은 것이다. 또한 "여기 별들과 신들이 태어난 집이 있다"Voici la maison où naissent les étoiles et les divinités라는 시구에서 알 수 있듯이 이 집은 인간이 살고 있는 집이 아니라 신과 별이 태어난 천상의 집이다. 나무는 인간을 닮았고("열매를 맺으려 하는 이 떨기나무는 너를 닮았다"Cet arbrisseau qui se prépare à fructifier te ressemble), 인간의 사지는 사방으로 찢기고 해체되며("연인들이여 함께 누워라 그대들이 내 사지를 갈라 놓으리라"Amants couchés vous ensemble vous séparerez mes membres), '타들어 가는 시가'에서 사물은 물질성을 벗어나 하늘로 올라가고 있다("연기를 내뿜는 불붙인 시가" Un cigare allumé qui fume). 즉 지상은 천상으로, 자연은 인간으로, 인간은 세계로, 가시적인 물질은 비가시적인 흔적으로 전이되고 있다.

윌라르 본에 의하면 독자는 전통적인 문학적 가치에 도전하는 캘리그램의 물리적 외관에 의해 충격을 받고 헤매게 되지만, 시각적 텍스트를 인지하게 되면 독자는 활자가 단어로, 단어가 형상으로, 형상이 더 큰 전체적 형태로 만들어지면서 작동하는 물리적 간극들로부터 시각적 텍스트가 주는 암시를 받아들이게 된다(Bohn, *The Aesthetics of Visual Poetry, 1914-1928*, pp.67~68). 이렇게 캘리그램과 그 안에서 실험되는 다양한 타이포그래피는 독자에게 시각적으로 그냥 던져진 것이 아니라, 기존의 독서와는 다른 새로운 독서의 지표를 제시해 준다.

예를 들어 「심장 왕관 그리고 거울」(그림 37)에서 언어가 형상의 윤곽으로 기능하면서 어떻게 독서의 방향을 지시하는지를 살펴보자. 이 캘리그램은 심장, 왕관, 거울의 도상을 '한눈에' 볼 수 있게 한다. 형상을 '볼' 때에 언어 하나하나는 음운이 아닌 픽셀로 기능한다. 독자는 캘리그램의 독서가 시작되는 지점부터 스스로 찾아내야 하고, 독서의 방향 또한 형상의 길을 따라 더듬거리며 찾아가야 한다.

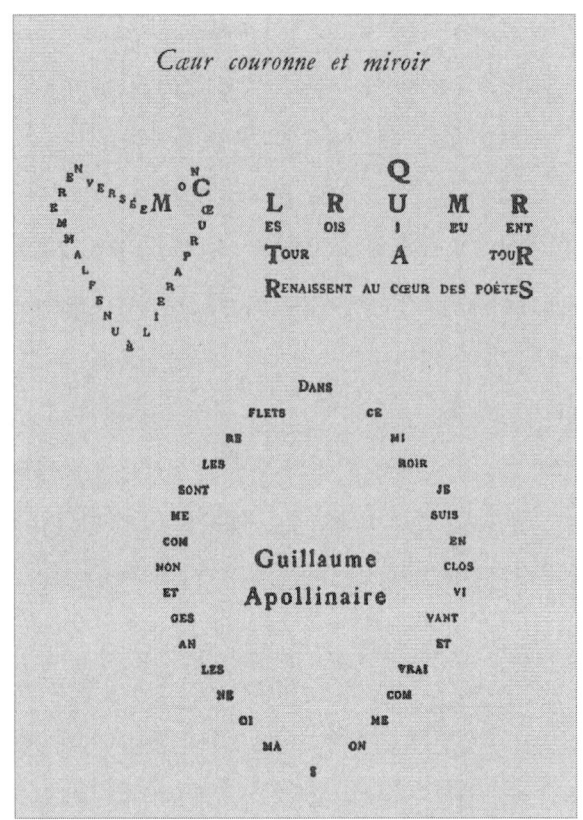

그림 37 아폴리네르, 「심장 왕관 그리고 거울」, 1918. (*Calligrammes*, p.60)

심장의 형상을 하고 있는 첫번째 캘리그램을 침묵의 시선으로, 그리고 소리 내어 읽을 때, 시선과 소리는 심장의 모양에 따라 곡선을 그리기도 하고, 급격하게 수직적으로 추락하기도, 상승하기도 하며, 형상의 유도에 따라 빨리 읽게도, 느리게 더듬어 읽게도 된다. "거꾸로 선 불꽃과 같은 내 심장"mon cœur pareil à une flamme renversée이라는 시구를 읽으면 심장이 직유법에 의해 '불꽃'으로 전이됨을 알게 되며, 이 전이된 의미로 형상을 새롭게 보게 된다. 즉 읽기 전의 형상이 단순화된 심장의 모습뿐이었다면, 읽고 보는 독서 행위 후에 독자의 기억 속에는 심장 모양의 시각적 잔상과 '불꽃'과 '심장'이 혼합된 형상이 다면적으로 떠오르게 된다.

왕관의 형상을 하고 있는 캘리그램의 독서 방향은 특히 흥미롭다. 마치 왕관의 형상을 가시적으로 세우려는 듯, 글자가 세로·가로의 방향으로 배열된다. 이러한 방향을 도식화해 보면 다음과 같다.

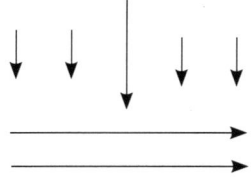

언어는 사물의 형상을 환기시키고 2차원의 평면 지면에서 솟아나게 한다. 시선은 위에서 아래로 급격하게 다섯 번 왕복하게 되고, 이어서 왼쪽에서 오른쪽으로 두 번 향하게 된다. 특히 '점차로'tour à tour라는 시구에서는 그 의미를 리듬으로 변환하려는듯 공간 배열을 통해 독서의 속도가 늦춰진다. 언어의 시각화는 독서의 완급을 조절하는 역할 또한 하고 있음을 알 수 있다. "죽은 왕들은 점차로 시인들의 심장에서 되살아난다"Les rois qui meurent tour à tour renaissent au cœur des poètes라는 아포리즘적 시구에서 '심장'이라는 시어는 앞의 캘리그램과의 연결점을 만들어 낸다. 또한 왕관 모양 캘리그램의 핵심적인 시어 '왕'roi은 마지막 캘리그램의 핵심 시어 '거-어-울'mi-roi-r로 전이된다.

거울의 형상부에서는 시구들이 거울의 윤곽을 만들고, 그 안에는 아폴리네르의 얼굴 대신 '기욤 아폴리네르'라는 이름이 쓰여 있다. "이 거울 속에 나는 살아 있고 진정하게 갇혀 있다 환영처럼이 아니라 천사를 상상하듯"Dans ce miroir je suis enclos vivant et vrai comme on imagine les anges et non comme sont les reflets. 이 시구에서 글자는 형상을 만들어 내기 위해 일정한 간격으로 새겨지고 분절되며, 이를 통해 무심한 듯한, 혹은 기계적인 독특한 리듬이 생성된다. 심장, 왕관, 거울의 형상은 글자의 테두리로 갇혀진 공간이라는 유사성을 통해 시각적인 은유 관계를 형성하며, 조형적인 통일감과 리듬감을 만들어 낸다.

이 캘리그램에서 내 심장은 심장의 형상으로 사물화되고, 왕관(사물)에 "시인들의 심장"이 투여되고, 거울에는 자아가 그대로 재현(혹은 반사)되는 것이 아니라 상징적으로 '상상'되고 있다. '자연'과 '세계'에 '나'의 감정을 투사한 낭만주의의 서정과, 상징주의자 폴 베를렌Paul Verlaine의 「내 마음에 눈물 내린다」Il pleure dans mon cœur에서나 르베르디의 시에서 보여지는 나와 거리를 둔 '객관적 서정주의'

를 지나, 아폴리네르의 '시각적 서정'은 시각적인 것(형상)에 마음과 리듬을 투여하고 있다. 또한 글자의 물질성과 유기체적인 성격을 부각하고 있다.

아폴리네르의 『캘리그램』에서 타이포그래피의 변화는 목소리와 읽기 방식의 변화를 가져오고, 문해력은 고정되어 있지 않고 여러 가지 가능성을 타진하면서 다의적·다성적 의미망을 만들어 나가게 된다. 특히 구두점의 생략은 언어에 다성성을 부여한다. 뷔토르는 『캘리그램』 서문에서 다음과 같이 썼다. "구두점의 생략으로 아폴리네르는 활자의 새로운 빛깔을 얻었고, 우리로 하여금 각각의 시구를 떼어 내어 다른 독서를 하게끔 만들어 준다. 특히 시구의 마지막 구두점을 생략함으로써, 일반적인 독서 방식이라면 자동적으로 목소리를 내려야 했을 상황에서 끝 부분을 유보 상태로 만들고 있다."

구두점은 감탄사, 의문사, 말줄임표 등 표현의 기능을 갖고 있다. 캘리그램은 글쓰기 혹은 인쇄에 고유한 요소들(구두점, 기호의 배치, 타이포그래피의 성격 등)이 시적인 힘을 갖추고 있다는 생각을 반영한다. 예컨대 캘리그램 「귀가 멍멍한」(그림 38)에서 느낌표는 "그토록"tant, "폭발적인"explosifs, "막… 하려 할 때"sur le point라는 언어들을 그려 내는, 그 자체 캘리그램이다.

이 캘리그램과 「풍경」 속에 나오는 물음표는 텍스트에 첨가된 기호들이다. 구두점은 뒤에 마침표를 동반하지 않는 대문자 속에서 나타난다. 구두점은 "종종 시구의 리듬, 휴지를 동반하지만 구두점의 생략은 표현된 하나의 문장 속에 여러 가지 사유들과 이미지들

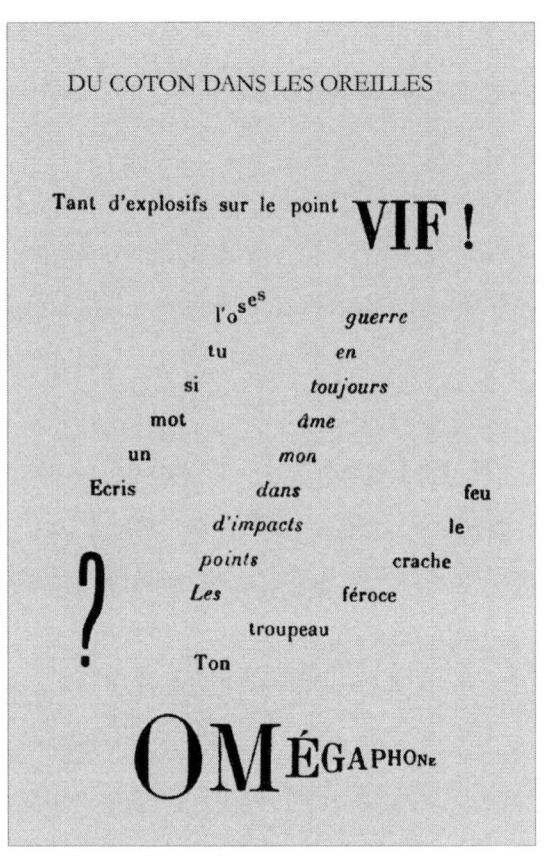

그림 38 아폴리네르, 「귀가 멍멍한」, 1918. (*Calligrammes*, p.155)

을 중첩시키는 의미상의 다양성을 초래한다"(Jacaret, *La dialectique de l'ironie et du lyrisme dans Alcools et Calligrammes de G. Apollinaire*, p.65).

아폴리네르는 구두점의 생략을 통한 '병치법'parataxe을 즐겨 사용한다. 병치법은 시간성과 연결되어 사물과 행위 사이의 인과관계를 부정하거나 희석시키는 기법이다. 이 기법을 통해 동시성의 시간과 편재성의 공간이 부각된다. 아폴리네르는 캘리그람을 통해 동시성에 대한 사유를 밀고 나갔다. 그가 보기에 동시성은 사고의 총체적인 표현에의 가능성을 담고 있었으며, "마치 총지휘자가 한눈에 악보에 겹쳐져 있는 음표들을 읽어 내듯이, 또한 우리가 포스터에 인쇄된 소형 요소들을 한눈에 보듯이, 한눈에 시 전체를 읽을 수 있게" 해 준다(Décaudin, "Et moi aussi je suis peintre", p.84). 이를 통해 그는 평범한 현실의 질서 잡힌 세계 속에서 일어남직한 것들의 전복을 꾀한다. 그리고 역동적인 새로운 구조를 창출하고자 한다. 즉 아폴리네르의 캘리그람은 현실의 세계를 그대로 재현하고자 하는 것이 아니라, 현실의 세계를 언어로 구성하고자 한다. 미셀 데코댕은 아폴리네르의 시적 추구가 시간과 공간에 대한 승리를 지향한다고 말하면서 "아폴리네르의 인상주의는 …… 많은 부분 언어뿐 아니라 형식을 통해서도 움직이는 것을 포착하고 고정해 두고자 하는 그의 욕망에 부응한다"라고 분석한다(Décaudin, "Apollinaire à la recherche d'une victoire sur l'espace et le temps", p.133). 따라서 캘리그람의 독서는 공간, 시간, 소리라는 시인에 의해 결합되었던 요소를 분리시켜서 독서할 수 없다. 시인이 언어, 시구, 메시지를 분절한 후 다시 일관성과

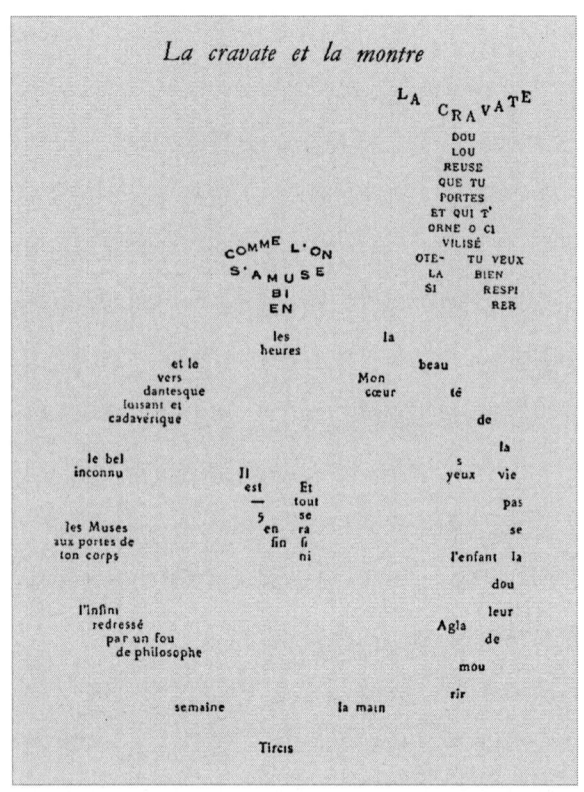

그림 39 아폴리네르, 「넥타이와 시계」, 1918. (*Calligrammes*, p.53)

새로운 의미를 부여한 그 변증법적인 과정을 고려해야 한다.

「넥타이와 시계」(그림 39)의 경우를 보자. 이 캘리그램의 대주제는 시간과 공간의 압박(혹은 일상적 관습의 압박)에서 벗어나라는 것으로 보인다. 화자는 "진정 숨 쉬고 싶다면 넥타이를 벗으라"라고 말하고 있으며, 시계의 고정된 숫자 배열을 다른 단어들로 대체시키면서 시간의 개념에 혼돈을 주고 있다. 즉 아라비아 숫자가 쓰여 있어야 할 자리에 각각 ①내 마음mon cœur, ②두 눈les yeux, ③아이l'enfant, ④아글라Agla, ⑤손la main, ⑥티르시스Tircis, ⑦주週, semaine, ⑧미친 철학자에 의해 일으켜 세워진 무한l'infini redressé par un fou de philosophe, ⑨네 육체의 문을 가진 뮤즈들les Muses aux portes de ton corps, ⑩아름다운 미지의 사람le bel inconnu, ⑪빛나며 시체와 같은 단테 풍의 시구le vers dantesque luisant et cadavérique, ⑫시간들les heures이라고 쓰여 있는 것이다.

'아이'가 3이라는 숫자를 상징한 것은 부부에서 가족으로 전환되는 상징적 숫자를 의미한다고 볼 수 있다. '아글라'Aglas는 "오 주여, 당신은 영원하고 위대하십니다"Athar Gabor Leolam Adonaï라는 히브리어 문장의 각 첫 글자를 조합한 약자이다. 5는 다섯 손가락을, 6은 베르길리우스의 목동 중 한 명을 지칭하는데, 클로드 드봉Claude Debon은 여기에서 성적인 칼랑부르calembour(동음이의어에 의한 말장난)로 "여섯-빼기=여섯 명과 성관계를 갖다"tire-six=tirer six coups를 읽어 낸다(Debon, *Calligrammes dans tous ses états*, p.95). 7은 일주일을, 8은 '무한'의 기호인 ∞이 8을 환기하고 있으며, 9는 뮤즈의 숫자를, 10은 익명성을 나타내는 X를, 11은 단테의 시구가 11음절로 되어 있음을, 12는 시계의 열두 숫자들을 나타낸다.

한편 넥타이와 시계라는 두 (시각적으로도) 동떨어진 사물은 "진정 재미있게 즐길 때처럼"COMME L'ON S'AMUSE BIEN이라는 일종의 '매개 시구'를 통해 연결된다. 시인은 이 시구를 대문자로 강조하고 있다. 이는 "진정 숨 쉬고 싶거든 넥타이를 벗어라 진정 재미있게 즐길 때처럼"ôte-la si tu veux bien respirer comme l'on s'amuse bien으로 읽힐 수도 있고, "진정 재미있게 즐길 때처럼 시간들을"comme l'on s'amuse bien les heures처럼 밑으로 걸쳐 읽힐 수도 있다. 일종의 행걸치기 기법enjambement을 만들어 내는 셈인데, 이를 통해 두 그림과 두 주제가 연결되면서, 중의적 해석의 길을 열어 놓고 있다.

시계의 오른쪽을 감싸고 있는 "삶의 아름다움은 죽음의 고통을 통과한다"la/beau/té/de/la/vie/pas/se/la/dou/leur/de/mourir라는 시구는 아포리즘적인 여운을 준다. 조각조각 끊어 읽히는 이 시구는 삶의 굴곡을 지나가듯 한 고비 한 고비를 넘어가면서 시계의 아름다운 곡선을 그려 내고 있다. 또한 이 시구는 "진정 재미있게 즐길 시간"은 한때임을 가시화하듯, "지금은 12시 5분 전이고 이제 모든 것이 끝나리라"Il est -(moins) 5 enfin Et tout sera fini라는 시곗바늘을 형성하는 시구와 연결되어 한정된 시간, 시간의 유한성을 제시하고 있다.

한편 아폴리네르의 캘리그램이 보여 주는 다의성은 그가 내세우는 시각적 서정과 밀접하게 연관되는 듯 보인다. 일반적으로 시가 하고 싶은 많은 말들을 짧은 시구 속에 응축하여 깊은 울림을 주는 서정성을 획득하듯, 시인은 많은 시어들을 단순화된 시각적 형상 속에 응축함으로써 새로운 서정성을 환기하고자 한다. 시인이 표현하는 캘리그램은 그래서 일종의 '시각적 하이쿠'와 같은 것이라 생각해 볼 수 있지 않을까?

특히 『캘리그램』에 수록된 작품의 몇몇 제목들은 하이쿠를 연상시킨다. 예컨대 「만돌린 패랭이꽃 그리고 대나무」(그림 40)라는 캘리그램은 서로 관련 없는 자연 혹은 인공의 세 대상을 시각적 배열로 '툭' 던져 놓는다. 이 캘리그램의 특징은 타이포그래피로 된 것이 아니라 수사본이라는 점이다. 클로드 드봉이 손으로 쓴 글자의 복제를 의미하기 위해 '마뉘프림'manuprimes이라 부르는 이러한 예는 「마들렌」 등 몇몇 시들에서 드러난다. 마뉘프림에는 복사와는 다르게 손글씨의 의지적 몸짓이 구성된 책 속에 통합되어 있다. 인쇄된 책 속의 손글씨의 흔적은 아폴리네르의 혁신적인 요소로 작용한다. 아폴리네르는 손으로 쓴 글씨와 인쇄체의 혼합, 순수한 그림의 개입, 서로 다른 표현 수단들의 혼합 등을 통해서 다양한 방식으로 시청각적인, 그리고 의미론적인 혁신을 이루고자 했던 것이다. 다시 「만돌린 패랭이꽃 그리고 대나무」의 경우로 돌아와 만돌린을 구성하는 캘리그램을 일반 시처럼 적어 보자.

몸을 관통하는 총탄처럼

음은 진실을 관통한다 왜냐하면 이성

그것은 네 예술이기 때문 여성이여

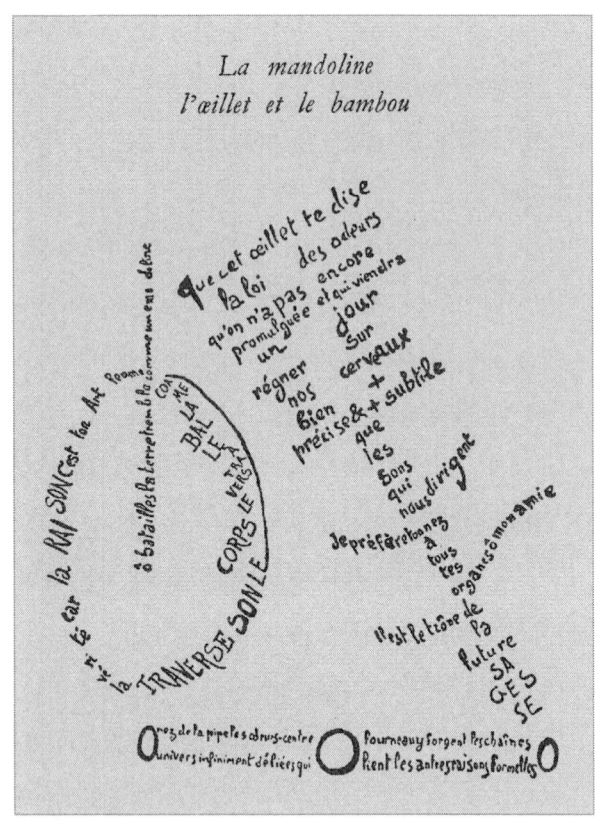

그림 40 아폴리네르, 「만돌린 패랭이꽃 그리고 대나무」, 1918. (*Calligrammes*, p.70)

오 전쟁의 나날이여 대지는 만돌린처럼 떨린다

COMME LA BALLE A TRAVERS LE CORPS

LE SON TRAVERSE la vérité car la RAISON

C'est ton Art Femme

ô batailles la terre tremble comme une mandoline

캘리그램에서는 '관통'의 이미지가 시각적으로 둥근 부분을 관통하는 직선으로 간결하게 표현되고 있다. 전쟁을 노래하는 시 속에서 '몸을 관통하는 총탄'과 '진실을 관통하는 음'이 병치되고 있는 것이 의미심장하다. 만돌린의 형상을 그려 내는 위의 시구들은 오른쪽으로부터 왼쪽으로 쭉 읽는 것이 아니라, 마치 박음질을 해가듯, 왼쪽에서 오른쪽으로 읽는 기존의 독서 방향을 유지하면서 문장은 오른쪽에서 왼쪽으로 둥글게 읽어 내려가는 독서를 하게 한다. 둘로 갈라진 시어 '처럼'com/me에서 앞의 m은 만돌린의 둥근 형상을 그리기 위해 쭉 잡아 당겨져 늘여지고, 시어 '몸'corps 다음에 오는 정관사 'le'의 'e'와 연결된다.

"대지는 만돌린처럼 떨린다"에서 "떨림"은 만돌린의 떨리는 음과, 폭격으로 흔들리며 초토화되는 대지라는 시각적 이미지, 만돌린을 연주하는 촉각과 청각의 떨림, 전쟁이 인간에게 가져다주는 공포스런 전율이라는 추상화된(그러나 현실적인) 이미지들을 결합한다. 그리고 글자들은 만돌린의 손잡이 부분을 형성하기 위해, 마치 하나의 떨림처럼 가늘고 작고 짧게 이어진다. 이 캘리그램은 소리에 대한 향기의 우위를 주제로 갖고 있다. 이를 클로드 드봉은 독서의 방향을 지시하는 표지로 읽기도 한다. 즉 만돌린(소리)으로부터 출발하여 패랭이꽃을 거쳐 대나무로 향하는 방향을 알린다는 것이다(Debon, *Calligrammes dans tous ses états*, p.129).

해석의 난해함과 다의성을 유발하는 부분은 특히 마지막 대나무 부분이다. 드봉은 이를 다음과 같이 기입한다.

> 오 파이프의 코 세계 중심-향기들이여 오 담배통이 그곳에서 다른 형식적인 이유들을 연결하며 무한히 풀어지는 사슬들을 버리는구나 오 O nez de la pipe univers les odeurs-centre O fourneau forgent les chaînes infiniment déliées qui lient les autres raisons formelles O

그런데 이러한 방식으로 읽으면 독서의 방향이 어떤 법칙에 따라 예비되어 있는 것이 아니라 의미에 끼워맞추기 위해 들쭉날쭉하게 되었다는 느낌을 받는다. 사실 이 부분은 메시지의 난해함으로 인해, 어떤 방식으로 읽든지 간에 논리적으로 '정합적인' 독서가 힘들어지게 되어 있어, 다른 방식으로 얼마든지 읽어 낼 수 있다. 즉 해석의 중층성과 다의성을 내포하고 있다. 예컨대 우리는 이 부분을 얼마든지 다음과 같은 방향으로도 읽을 수 있다.

> 오 파이프의 코 중심-향기들이여 오 담배통이 그곳에서 사슬들을 버리는구나 오 다른 형식적인 이유들을 연결하며 무한히 풀어지

는 세계여O nez de la pipe les odeurs-centre O fourneau y forgent les chaînes O univers infiniment déliées qui lient les autres raisons formelles

그렇다면 이럴 경우 반드시 얼마나 더 말이 되는가에 맞추어 읽어야 할 것인가? 특히 대나무의 마디를 형성하면서 단절 및 다의성의 중심으로 기능하는 세 번의 감탄사 '오'는 고려해야 하는가 아니면 하지 않아도 되는가? 이러한 질문들과 함께, 대나무 캘리그램은 우리에게 '어떻게 읽는 것이 옳은 것인가?'라는 질문 자체가 옳은가라는 좀더 메타적인 문제 제기를 하게 해준다.

한편 아폴리네르는 "무한히 섬세한 어떤 것인 흔적들의 예술"로 가브리니 섬 분묘에서 나온 돌에 새겨진 여러 문양들, 지문과 프로필을 이용한 범죄자 식별술인 베르티오나주bertillonnage의 예를 들면서 같은 맥락에서 글쓰기를 언급하고 있다. 그는 한 편지에서 "글쓰기 또한 흔적들의 섬세한 예술의 한 요소이다"라고 말하고 있다(Debon, *Calligrammes dans tous ses états*, p.129에서 재인용). 시인은 캘리그램을 통해 삶의 흔적과 글쓰기의 흔적을 섬세하게 일치시키고자 하는 시도를 한다. 예컨대 사랑하는 여인에게 헌사한 캘리그램 「비둘기집에서 멀리 떨어져」(그림 41)의 경우가 그 두드러진 예인데, 여기에서 시인은 자신이 처해 있는 실존적 상황과 글쓰기의 상황을 공간적으로 일치시킨다.

『캘리그램』을 이루는 부部의 제목 중 하나인 '사각형 끌채'Case d'armons 부분의 첫머리를 장식하고 있는 이 캘리그램에서 시인은 사

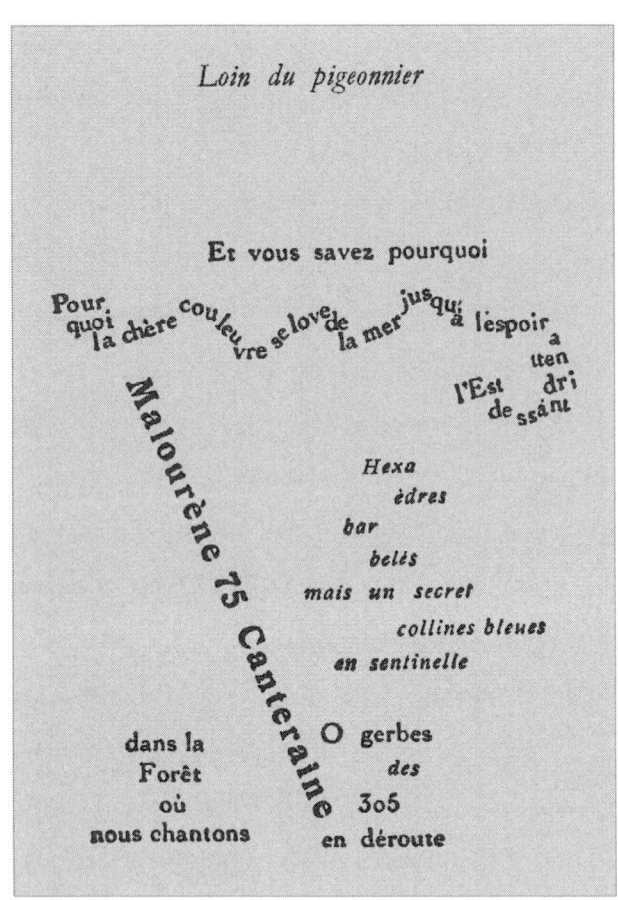

그림 41 아폴리네르, 「비둘기집에서 멀리 떨어져」, 1918. (*Calligrammes*, p.83)

랑과 전쟁이 '동쪽'을 향한 긴장 상태 속에서 뒤섞인 새로운 공간을 만들어 내고 있다. 제목에 나오는 '비둘기집'은 아폴리네르 숙소의 애칭인데, 집/전선, 사랑/전쟁, 연결/단절이라는 양립된 상황을 병치시키는 중심으로 자리하고 있다. 글자들은 전장의 상황을 그려 내며, 전선의 대치 상태 및 철조망의 경계선을 시각화함으로써, '지형'을 표의문자화하고 있다. 특히 구불구불한 가시철조망을 시각적으로 연상시키는 부분인 "왜 사랑스런 뱀이 바다로부터 동쪽을 향한 측은한 희망에까지 또아리를 틀고 있는지"Pour quoi la chère couleuvre se love de la mer jusqu'à l'espoir a tten dri ssant de l'Est를 읽어 보면, 철조망의 경계선은 뱀이 또아리를 틀고 있는 모양을 중의적으로 나타냄을 알 수 있다. 물론 뱀은 상징적으로 시인의 투영물이면서, 또한 시각적으로도 의미가 중첩되어 있다. 이처럼 활자로 만들어진 경계들은 내용/형식, 글자/여백, 그림/글자들을 가로지르며 마치 대지예술가 크리스토 자바체프Christo Javacheff의 「달리는 울타리」Running Fences와 같은 경계선-글자들로 공간을 둘러싼다. 그 울타리를 따라 독자들의 시선도 때로는 구불거리며 춤을 추고, 때로는 수직으로 질주하며, 때로는 조심스럽게 활자의 징검다리를 건넌다.

4. 멀티미디어 시대의 능동적 독서

읽기와 쓰기의 과정을 포함한 전반적인 언어 구사력을 의미하는 문해력은 형상과 언어가 결합된 캘리그램을 읽어 냄에 있어서 기존의 언어 중심주의에 대한 저항과 문제 제기를 내포하고 있음을 알 수 있다. 형상시의 전통을 창조적으로 계승한 아폴리네르의 캘리그램은 살육과 전쟁, 실존적 고통의 '현재적 상황'에서 이를 극복할 새로운 미래를 창조하기 위해 쓰인 시였다. 시인은 불합리한 현실과 타성적인 관습을 깨기 위해 단지 언어 텍스트로 소통하는 것만으로는 불가능한 요소들을 시각적인 시로 보여 주고자 했다. 이를 통해 일상의 언어를 벗어나 삶이 내포하고 있는 새로운 잠재성을 다양한 방법으로 드러내고자 했다.

캘리그램의 일견 추상적이고 단순해 보이는 형상은 함축과 응축을 그 핵심으로 삼는 시의 원리를 상징적으로 가시화한다. 언어의 시각화 과정을 통해 시인은 단지 시각적 재미만을 목표로 하는 것이 아니라, 기존의 문법을 일탈하고 타이포그래피를 다양하게 변화시켜, 의미만이 아니라 지면·서체·구두점 등 기술·기표적 차원을 모두 포함하는 시니피앙스를 찾고자 했다. 또한 시간적·연쇄적 독서 방식과 공간적·통합적 독서 방식을 혼합했다. 그 결과 활자 시대에 텍스트를 소리 내지 않고 읽음으로써 가시적으로 드러나지 않은 채 내면화되었던 글의 구술성이, 활자의 시각화와 시각적 배열을 통해 새로운 호흡과 리듬으로 끊어 읽힘으로써 새롭게 되살아남을 알 수 있다.

그는 시각과 언어를 따로 떼어 생각할 수 없는 혼종적 영역의 문제를 다룸으로써, 읽고 보는 협업이 어떻게 다의적·다성적으로 의미망을 확장해 가는지를 보여 주었다. 독자는 캘리그램을 '읽기' 위해서 의미의 해독을 향해 수평·대각선·수직·타원형 등으로 부지런히 읽기 방향을 변경해야 함을 깨닫게 된다. 이처럼 캘리그램의 독서는 사전 정보 없이 순차적으로 읽어 가는 과정에서 의미와 맥락을 파악하는 언어 기반 텍스트적 독서와는 구분된다. 글자로 만들어진 형상이라는 일종의 프레임이 주어지고, 이를 전체적으로 조망하여 '보는' 과정이 다음으로 이어지는 '읽기'를 위한 안내의 역할을 한다. 이때 단순화된 시각적 형태는 내용을 한정시키는 것이 아니라 오히려 다의성을 함축하고 있어서, 독자의 상상력을 도약시키기 위한 일종의 뜀틀대로 기능한다. 또한 일반 텍스트가 마치 잘 닦인 직선 도로처럼 중립적이고 일정한 방향성을 가진 글자들을 연쇄적으로 배열하고 있다면, 독자가 캘리그램을 읽는 행위는 글자의 크기·형태·배치·간격이라는 지표에 주목하면서 시인이 다양한 방향으로 만들어 놓은 길을 찾아가야 하는 일종의 지형학적 모험이 된다. 읽은 내용은 전체적인 형상을 새롭게 보는 데 영향을 미치게 되며, 이로써 보기와 읽기는 상호작용하면서 역동적인 독서를 가능하게 한다. 시각적인 배열은 리듬과 호흡의 변화를 가져와 독서의 완급을 조절하는 역할을 한다.

아폴리네르는 캘리그램을 통해서 언어·음·시각 사이의 경계를 가로질러 이들 사이에 새로운 관계를 맺고자 했다. 즉 캘리그램은 선조적이고 담론적이며 메시지 분석적인 독서에서 벗어나 소리·그림·의미의 통합적 독서를 요구한다. 이를 통해 아폴리네르는 언어시각이 융합된 현대의 문화 텍스트를 읽어 낼 수 있는 새로운 독법을 시사하고 있다. 문자·시각언어 구사력은 시각적·의미적·상징적으로 새로운 언어 구사의 지표를 제시한다. 이는 기호가 새겨지는 물질적 기반을 글쓰기의 일부로 포함하며, 표면을 형상의 일부로 인정하고, 공간을 시간과 긴밀한 연관 속에서 고려하여 의미의 일부로 포함시키는 것이며, 언어적 글쓰기의 특권적 개념을 해체하는 것이다.

문자·시각언어 구사력은 또한 보기와 읽기의 상호 교차적인 협업 가운데 일어나는 전이, 긴장, 상호 보완적 관계들에 주목하게 한다. 문자·시각언어 구사력을 효과적으로 향상시키려면 언어와 형상의 혼종 영역에서 빚어지는 새로운 텍스트의 속도·리듬·호흡을 잘 조절해야 한다. 병치된 형상들의 사이, 그 '행간'을 읽어 시각적 이미지 사이에 관계하는 서정적 표현력을 간파하고 읽어 내는 것 또한 중요하다. 기법이나 독특한 기술은 그 자체로 머무는 것이 아니라 아폴리네르가 언급한 '시각적 서정' 혹은 '예술적 종합'으로 확대될 수 있어야 한다. 그러기 위해서는 형상적인 조망과 지형적인 독서 속에서 단순한 의미를 넘어선 시니피앙스를 능동적으로 찾아내고, 시각·소리·언어가 만들어 내는 다성적·다의적 그물들을 조직적으로 짜 나가야 함을 알 수 있다.

다매체 시대인 오늘날 대중들은 점차 긴 글을 '읽기' 싫어하고 한눈에 의미를 파악할 수 있는 '보기'나 순간적으로 몰입할 수 있는 '오감으로 체감하기'를 선호하고 있다. 그리하여 깊이 있는 사유보다는 자극적이거나 순간적인 쾌락을 즐김으로써 인간의 다양한 상상력을 축소시키는 결과를 가져오게 된다. 이러한 상황에서 아폴리네르의 언어시각적 실험은 '읽기'와 '보기'의 능동적인 협업을 통해 의미와 상상력이 확장될 수 있는 길을 제시하고 있다는 점에서 의의가 크다. 즉 그는 첨단의 멀티미디어가 얼마든지 구사할 수 있는 다의적이고 풍요로운 언어들을 예시해 주었으며, 다른 한편으로 독자들을 책 혹은 텍스트를 전통적인 읽는 방식에서 벗어나 '오로지 읽는 것'에서 해방되게 함으로써 편집, 촉감화된 표지 인터페이스, 시니피앙스 등을 통해 역동적인 독서가 가능해짐을 시사하였다. 20세기 초 기술 변동의 시대에 적극적인 시적 해답이 되고자 했던 아폴리네르의 캘리그램은 21세기 초 디지털과 멀티미디어 시대에 문학이 해야 할 역할을 보여 주고 있는 것 같다. 다감각화된 문화와 점점 유리되어 가는 문학이 그 현실을 개탄하기만 할 것이 아니라, 이에 관한 적극적인 '시적 해답'과 비전을 제시하여 문명을 이끌어 가는 역할을 해야 함을 말이다.

[6장]
통합적 예술 매체로서의 책

1. 종이책과 전자책의 사이

디지털 정보화가 가속화되고 대부분의 지식을 인터넷으로 검색할 수 있게 된 오늘날 활자 문화의 산물인 종이책은 어떤 변화를 겪고 있으며 어떤 새로운 의미를 부여받고 있을까? 20세기 초반까지 정보와 지식 전달에 절대적인 영향력을 미쳤던 책은 이제 인터넷, 라디오, 텔레비전, 블로그, 동영상 등 다양한 매체들과 그 역할을 공유하고 있다. 이런 상황에서 전통적 의미의 책은 완전히 소멸될 것이라는 극단적인 입장과, 그래도 책은 영원히 살아남을 것이라는 낙관적인 입장들이 대립하던 시기를 지나, 이제 학자들이나 전문가들은 점차 전통적 의미의 책과 새로운 매체들이 서로 공존하면서 발전해 나가는 길을 모색해야 한다는 입장으로 견해를 모으고 있다.*

    출판 전문가들은 뉴미디어 시대에 책이 살아남는 궁극적인 이유로 책의 실용적 정보가 아니라 예술품으로서의 책이라는 면을 들고 있다. 우리는 역시 "종이책 책장을 넘기며 원하는 것을 찾는 신체 감각과 감동, 그리고 그것이 자신의 내부에 쌓이는 느낌"을 중요시하며, 다양한 판형과 재질, 아름다운 디자인으로 지식을 매개하는 책의 매혹에 빠져들고 싶어 한다는 것이다(츠노 카이타로, 『구텐베르크 은하계의 행방』, 31쪽). 이는 의미와 정보 전달에 집중했던 종래의 책의 개념에서 벗어나 형식을 비롯한 책의 총체적인 면을 부각하고 있다는 점에서 중요한 지적으로 보인다. 하지만 동시에 다음과 같은 의문이 들기도 한다. 과연 전자책이나 하이퍼텍스트가 도달하기 힘든 예술적 가치를 종이책이 갖고 있기 때문에 책이 '살아남는' 것일까? 종이책과 전자책은 그 기원이 너무나 달라서 공존할 수는 있지만 결코 서로 연관되는 지점은 없는 배타적인 것들일까? 종이책만이 예술적인 가치가 있는 진정한 책이고 컴퓨터와 인터넷이 가능하게 한 산물들은 책이라고 할 수 없는 것일까?

책의 기원에서부터 종이책을 벗어난 하이퍼텍스트에 이르기까지 책의 변화 과정을 거시적인 입장에서 역사적으로 짚어 본다면, 우리는 책이 구텐베르크 활자 혁명부터 영상 시대 이전까지만 지배해 온 활자 시대의 고정된 전유물이 아니라, 유연함을 가지고 끊임없이 형태와 의미를 바꾸면서 변화·발전해 온 매체임을 알 수 있다. 책은

---

* 디지털 시대에 책은 종말될 것이며 독서는 죽을 것인가? 이러한 질문에 문화사학자 로제 샤르티에(Roger Chartier)는 속단은 금물이며 여러 방식이 공존할 것이라고 말하고 있다. 단지 새로운 문맹이 되지 않도록 현재의 책에 충실하면서 새로운 책에 적응하는 독자의 역할이 중요해진다는 것이다(샤르티에, 「책의 과거와 미래」 참조).

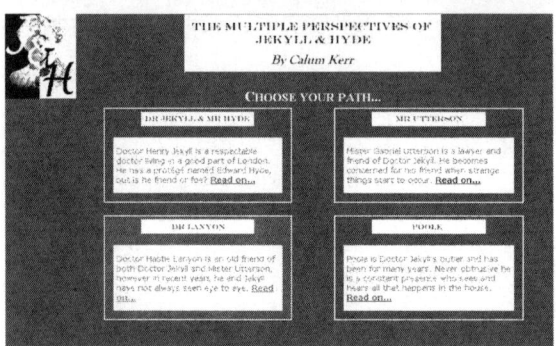

그림 42 다양한 형태의 '책'들 (맨 위) 『이상한 나라의 앨리스』의 팝업북. '평면'으로만 인식되었던 책에 입체성을 부여했다.
(가운데) 한 인터넷 웹사이트에 실린 『지킬 박사와 하이드 씨』의 하이퍼텍스트 버전. 단선적인 스토리를 벗어나 독자가 다음 줄거리를 선택해 진행할 수 있다.
(맨 아래) 아마존이 만든 전자책 디바이스 킨들

단지 지식과 정보, 내용을 전달하는 기능만을 담당해 왔던 것이 아니라, 판형·구성 형식·활자체·여백 등 책의 매체로서의 특징들을 통해 보다 복합적이고 포괄적인 기능을 담당해 왔다. 따라서 '매체로서의 책'이라는 관점에서 종이책에서 전자책까지를 꿰뚫는 역사적인 흐름을 살펴보면서 책의 개념과 의미를 새롭게 모색했던 시도들을 분석해 볼 필요성이 제기된다.

이런 맥락에서 예술 매체로서의 책의 역사 가운데 책의 형태와 개념에 대한 본격적인 실험이 이뤄졌던 20세기 초 아방가르드 시기에 주목할 필요가 있다. 특히 아방가르드 예술의 대표적인 인물인 마르셀 뒤샹Marcel Duchamp의 작업은 이미지와 텍스트가 혼합된 상자와 「현기증 나는 영화」, 「회전부조」, 「회전유리판」, 「반원형 회전기」 등의 기계들, 즉 다양한 '책이 아닌' 매체들을 통해 통합 매체로서의 책의 가능성을 열어 주었다는 점에서 흥미롭다. 실상 뒤샹에 관한 기존의 연구는 레디메이드, 오브제, 반反예술성 등에 집중되었으나, 뒤샹의 매체 실험들이 책의 개념에 가져온 혁신적인 면을 밝히고, 이를 통해 현대의 북아트, 전자책 등의 기원으로서 뒤샹이 갖는 의미를 부각하는 것은 중요한 일이라 생각된다.

사실 뒤샹의 매체 실험들은 여러 장르에 걸쳐 있다. 장르들의 고유한 의미로 볼 때, 북아트는 작가가 수작업을 통해 책을 예술작품으로 만드는 것이며, 책을 활용한 설치미술은 예술가가 자신의 미적 활동을 위해 책을 소재로 사용한 것이다. 또한 그가 발명한 기계들은 영화나 애니메이션의 초기 모습에 가깝다. 이 글은 이 구분되는 개념들을 동일화하려는 것도, 이 모든 것이 미래의 새로운 책의 개념에 직접적으로 영향을 미쳤다고 주장하려는 것도 아니다. 북아트, 설치, 영화, 애니메이션 등의 선구로 알려진 뒤샹의 예술 행위 전반을 관통하는 중심에 '매체로서의 책'의 개념과 형태에 대한 새로운 질문이 들어 있다는 점에 주목하고자 한다. 뒤샹의 일련의 작업들은 단순히 내용을 전달하는 도구로서의 책이 아닌 다양한 책의 가능성을 보여주고 있다는 점에서 의미가 있다고 생각된다. 그리하여 이 글은 오늘날 융합 매체의 시기에 그가 미친 자극이나 영향력이 무엇인지, 또한 새로운 예술 매체로서의 책의 미래는 어떠할 것인지를 생각해 보고자 한다. 이를 위해 우선 책을 예술 매체로 간주한 여러 역사적인 맥락들을 짚어 보면 어떨까?

2. '대화하는 책'과 책의 혁명

오브제로서의 책의 개념은 책의 기원에서부터 비롯된다. 책을 의미하는 라틴어 리브로libro가 나무껍질을 의미하는 리베르liber라는 단어에서 유래한 사실에서 알 수 있듯이, 책은 문자를 새겨 넣는 재료와 바탕, 총체적인 형태 자체를 의미했다. 마찬가지로 중국을 비롯한 동양에서는 대나무 조각(죽간)을 가늘게 쪼개어 사용한 고대의 책 형태를 보고 책冊이라는 상형문자를 만들었다. 구텐베르크 혁명 이전의 사람들은 구운 점토, 나무, 돌, 청동 등 비교적 다루기 쉽고 영구히 보존할 수 있는 재료들을 책으로 사용했다. 기원전 3000년경 메소포

타미아 문명에서 사용된 설형문자가 새겨진 점토판, 기원전 1400년 경 이집트의 파피루스, 파피루스보다 더 튼튼했지만 책 한 권을 위해 양 300마리의 희생이 필요할 정도로 가격이 비쌌던 11~12세기의 무두질한 양피지 등 책이라는 매체는 글이 쓰여진 다양한 텍스트의 바탕과 재료, 제작 기법들을 모두 포괄한다(Hardy, *Tout savoir sur le livre*, pp.70~73).

활판 인쇄술이 발달하기 전까지 책은 하나의 수공예품이자 예술품이었다. 특히 '스크립토리움'scriptorium이라 불리는 중세 수도원의 필사 전용실에는 문자와 페이지의 가장자리를 장식하는 채색화가가 있어서 아름다울수록 성스럽다는 12세기 이후 고딕 시대의 믿음과 미의식을 반영했다.

13~14세기의 출판물 중에서는 베리 공Jean duc de Berry의 시도서時禱書들이 가장 아름다운 책으로 꼽힌다. 화려한 미술작품을 연상케 하는 이 책은 12개월 동안의 인간과 자연의 모습을 묘사한 달력 형태의 기도서로 귀족의 놀이, 수렵, 연회, 산보, 농부의 생활 등이 그려져 있었다(그림 43).

인쇄술의 발명으로 도래한 간본刊本 시대에는 대량 출판의 시대이니만큼 채색 서적이 쇠퇴했다. 하지만 초기 인쇄본을 의미하는 '요람본'incunabula은 당대 최고의 화가들에 의해 장식되었으며, 수사본이 아님에도 불구하고 철자의 장식이라든가 가장자리 장식 등 수사본의 아름다운 형태를 보존한 채 예술 매체로서의 책의 역사에 의미 있게 기록된다. 16세기는 유럽 출판의 황금시대라 불리우며 활자의

그림 43 랭부르(Limbourg) 형제가 그린 베리 공의 『호화로운 시도서』 (Les très riches heures)의 삽화 중 하나. 5월의 장면을 그린 이 작품은 봄을 알리는 축제를 묘사한다. 트럼펫 부는 사람을 따라 젊은 귀족들이 말을 타고 숲으로 가고 있다. 이날 여성들은 긴 초록 드레스를 입고, 남녀 모두 자작나무 새 잎들로 머리와 목에 장식을 하며 행운이 오기를 기원한다.

주조와 인쇄, 편집과 출판, 판매가 오늘날과 같이 분업화되었다.

17세기에는 30년전쟁 등으로 출판의 암흑시대라 불렸고, 18세기 중엽 계몽주의 시대 독서 혁명을 계기로 책은 다시 활기를 되찾았다. 19세기에 와서 전반적인 과학기술의 발전과 더불어 인쇄 출판의 기술적인 변화가 생겼다. 즉 수공업 시대에서 기계공업 시대로 이행하게 되고 상업주의가 만연하게 되자, 영국의 윌리엄 모리스William Morris를 중심으로 책 장식과 디자인에 관심을 가지며 중세의 미를 재발견하는 예술적인 출판물 운동이 일어났다.

20세기 초반에 이르면 입체파, 미래파, 러시아 아방가르드, 다다이즘, 초현실주의에 의해서 책이 파격적으로 실험된다. 이 시기 예술가들의 책 실험에서는 활자 위주의 책에서 벗어나 이미지와 텍스트가 공존하면서 그 특성들을 교환하거나 변형하고 혹은 융합하여 책을 매체의 상호 교류의 장으로 삼고 있다. 이를 통해 책의 형태와 의미는 확장된다. 스테판 말라르메의 『던져진 주사위』, 기욤 아폴리네르의 『캘리그램』 등에서 책의 여백과 타이포그래피 실험이 이뤄졌으며, 시인과 화가가 공동 작업한 삽화집뿐 아니라 초현실주의 화가 막스 에른스트의 『백 개의 머리를 가진 여인』*La femme 100 têtes*(1929)을 비롯한 일련의 '로망 콜라주' 등이 이미지와 텍스트의 교환과 결합을 보여 줬다.

러시아 아방가르드 작가인 엘 리시츠키는 시각적인 단어를 이용한 추상적인 형태의 공간적 실험과, 타이포그래피의 정신적 이념에 대한 새로운 해석을 제시했다. 그는 1923년 잡지 『메르츠』*Merz*에

게재한 「타이포그래피 지형학」Topographie der Typographie이라는 글에서 책에 대한 자신의 견해를 다음과 같이 밝히고 있다.

1. 종이 위에 인쇄된 단어는 보이기 위한 것이지 들리기 위한 것이 아니다.
2. 다양한 사상은 흔한 언어에 의해 전달되지만, 그 사상은 정착되지 않으면 안 된다.
3. 음성이 아닌 시각에 의한 표현의 간결성.
4. 활자라는 소재를 가지고 책의 공간을 디자인하면서, 타이포그래피의 역할과 고유의 법칙에 따라 내용의 강약과 상태를 일체화할 필요가 있다.
5. 인쇄를 통해 책의 공간을 디자인하는 것은 새로운 시각의 리얼리티를 가지게 한다. 완벽한 시선의 초자연적인 현실성은 리얼리티 그 자체이다.
6. 도중 끊어지는 일 없이 계속되는 페이지-영화적인 책.
7. 새로운 책은 새롭게 쓰는 사람을 필요로 한다. 잉크스탠드와 깃털펜은 이미 사라졌다 해도 과언이 아니다.
8. 인쇄된 종이는 시간과 공간을 초월한다. 인쇄된 종이, 책의 무한함을 상징하지 않으면 안 된다. (테라야마 유사쿠, 「그래픽디자인의 원형으로서의 엘 리시츠키」, 108~109쪽에서 재인용)

리시츠키는 위의 글에서 미래파의 실험에서 비롯된 20세기 시각언어 시대의 도래를 선언하고 있다. 그는 음성 위주에서 시각 위주로 이행해야 한다는 점을 강조하면서 책의 공간을 새롭게 디자인하고자 한다. 그는 문자와 사진의 조합에 의해 지금까지의 활판인쇄와는 전혀 다른 새로운 시각 리얼리티가 등장할 것을 언급하면서, 궁극적으로 기술의 진화에 따라 책이라는 개념 자체가 변화할 것임을 암시하고 있다. 또한 타이포그래피라는 시각화된 언어를 통해 텍스트 내용의 강도를 얼마든지 조절할 수 있음을 보여 주고 있다. 리시츠키는 위 7, 8번의 선언에서 재료와 도구의 자유, 시간과 공간의 자유를 강조하여 책에 대한 유연한 개념과 변용 가능성을 제시하면서 1923년에 이미 하이퍼텍스트, 북아트, 전자책 등 새로운 개념의 책이 얼마든지 도래할 수 있음을 예견한다.

한편 초현실주의 책은 시, 회화, 사진 이미지, 포엠-오브제, 일러스트, 콜라주, 판화, 드로잉, 실험적인 활자, 수제 종이, 바인딩 등 다양한 형식을 복합적으로 결합하고 있다. 이런 종류의 책들을 지칭하는 용어는 '예술가의 책', '오브제로서의 책', '삽화책' 등 다양하다. 이 중 '예술가의 책'이란 예술가가 단독으로 그린 책이나 혹은 오래전 죽은 고전 작가의 글에 삽화를 삽입하는 책을 의미한다. '오브제로서의 책'은 책의 개념적이거나 오브제로서의 형식을 질문하는 작품이다. 이브 페레Yves Peyré는 이러한 용어들과 차별화된 용어로 '대화하는 책'livre de dialogue을 제안한다. 프랑스에서 '대화하는 책'은 1874년에서 1876년 사이에 샤를 크로Charles Cros와 말라르메라는 두 선각자들과 화가 에두아르 마네Édouard Manet에 의해서 만들어졌다. 대화하는 책은 "그림과 시가 정확히 결합된 만남", 혼합과 혼융으로 귀결되는 "상반된 것들의 어쩔 수 없는 매혹"을 의미하며(Peyré, *Peinture et poésie*, p.6), "그러한 책의 페이지를 넘긴다는 것은 하나의 호흡으로 전환된 두 개의 숨의 리듬에 따라 숨을 쉰다는 것을 의미한다"(p.30).

현대 북아티스트인 키스 스미스Keith A. Smith는 "한 장의 그림에서 형식적인 요소들이 조화를 이루어 전체 그림을 완성하는 것처럼 책의 모든 요소들은 조화를 이루어 하나의 책을 완성하게 된다. 따라서 각 요소는 다른 요소들과 서로 영향을 주며 긴밀한 관계를 유지한다. …… 언어는 갇혀 있어서는 안 되며 책의 형식을 통해 드러나야 한다"(스미스, 『키스 스미스의 북아트』, 315쪽)라는 말로 형식과 내용을 포괄하는 통합 매체로서의 책이 갖는 역동적이고 유기적인 기능을 강조한다. 그에 의하면 책 자체는 콜라주와 같다. 여러 개의 이미지를 겹겹이 쌓아 하나의 복합적인 이미지를 만드는 것이 콜라주의 기본 원리라면, 책 또한 겹겹이 쌓인 층을 통해 다형적이면서도 통일적인 이미지를 만들어 낸다는 것이다(332쪽). 판형은 페이지에 인쇄된 것을 강조할 수도 있고 바꿀 수도 있다. 스케일은 주제를 극명하게 드러내는 장치로 기능한다. 북아트의 선구자로 꼽히는 뒤샹은 기존의 책과는 거리가 먼 책을 통해서 스미스가 말하는 총체적이고 유기적인 책을 다각도로 실험하였다. 지금까지 살펴본 예술 매체로서의 책에 대한 수많은 사유와 실험들이 이어져 온 역사적 맥락 속에서, 이제 가장 혁신적인 시도들 중 하나로 꼽히는 뒤샹의 경우를 살펴보면서 새로운 실험 매체로서의 책의 모색 과정과 텍스트와 이미지, 형식과 내용의 관계를 분석해 보자.

3. 책의 매체성과 뒤샹의 실험

뒤샹은 파리에 있는 생주느비에브 도서관의 사서로 일을 하였다. 그리하여 누구보다도 책과 가까운 삶을 살았지만 "우리가 생각하는 내용을 단어로 표현하자마자 모든 것들이 왜곡되어 버린다"라고 말하면서 기존의 책과 거리 두기를 한다. 즉 그는 책을 구성하는 모든 내·외부적 형태들을 새롭게 변형하면서, 지식의 내용을 전달하는 매체로 규정된 기존의 책의 의미에 대해 다시 질문한다. 뒤샹이 기존의 언어에서 벗어난 새로운 언어, 일체의 해석을 배제한 사물을 추구한 것도 같은 맥락에서였다고 할 수 있다.

그는 동료 작가나 화가들의 책에 대한 북바인딩 작업과 잡지들의 표지, 레이아웃 디자인 작업을 통해 그만의 고유한 개성으로 인쇄매체의 내용과 형식을 새롭게 탐색했다. 조르조 데 키리코Giorgio De Chirico의 『에브도메로스』*Hebdomeros*(1929), 앙드레 브르통André Breton의 『블랙유머 선집』*Anthologie de l'humour noir*(1940) 등의 북바인딩 작업에서 뒤샹은 디자인 작업을 담당하였고 제작은 주로 메리 레이놀즈Mary Reynolds가 맡았다. 그의 북바인딩 작업 중 돋보이는 것은 알프레드 재리Alfred Jarry의 희곡 『위뷔 왕』*Ubu Roi*이다(그림 44). 이 책은 20×13.3cm 크기로 되어 있으며, 책 커버 전체를 펴면 크

그림 44 뒤샹의 북바인딩 작품. 『위뷔 왕』(1935)과 1947년 초현실주의 전시회의 카탈로그

게 UBU라는 글자를 볼 수 있도록 책 앞면과 뒷면은 알파벳 U, 책등은 알파벳 B의 형태로 디자인되었다. 책의 커버 부분을 완전히 열면 두 개의 알파벳 U가 양 날개처럼 펼쳐진다. 커버를 덮으면 앞면의 알파벳 U 안쪽에는 왕관 이미지가, 뒷면의 알파벳 U 안쪽에는 'Alfred Jarry'라는 이름이 보이면서 이미지와 텍스트를 결합하고 있다. 알파벳으로 된 조형물, 혹은 무대 구조물처럼 보이는 이 책은 재리의 전위적인 희곡의 성격을 형식적으로 잘 드러내고 있다.

한편「모든 층마다 물과 가스」Eau et gaz a tous les etages 또한 북아트의 전신이 될 만한 뒤샹의 작품이다. 모조한 레디메이드에 속하는 이 작품에서 뒤샹은 로베르 르벨Robert Rebel의「마르셀 뒤샹」이라는 책자에 19세기 프랑스 아파트 건물에 부착되었던 에나멜 판(15×20cm)을 고정시켰다. 이는 일상과 예술의 공간의 경계를 무너뜨리려는 시도라고 할 수 있다. 또한 그는 1947년 초현실주의 전시회를 위한 카탈로그의 표지 디자인으로 "만져 주세요"Prière de toucher라는 메시지와 함께 마분지 위에 벨벳과 고무로 여성 유방의 입체 모형을 만들어 놓는다. 박물관 벽면에 붙어 있는 "만지지 마시오"라는 경고의 메시지를 전복하여, 눈으로만 감상하고 결코 만지거나 예술의 영역에 침범할 수 없게 하는 작품들에 의문을 제기하고 있는 것이다.

뒤샹의 '상자' 시리즈는 그가 책의 개념을 완전히 처음부터 다시 질문한 작품들이다. 그는 모두 한정본으로 제작한 이 시리즈를 통해 상자라는 오브제에서 시적時的 환기력을 발견하고 그것을 예술작품의 위치까지 끌어올린다. 그 과정에서 상자는 책의 매체성을 은유적으로 보여 준다.「1914년 상자」La Boîte de 1914는 마분지 상자에 각 25×18.5cm의 크기로 된 16개의 친필 노트와 드로잉 모사가 들어 있다. 노트와 스케치를 그대로 복제한 것을 넣은 뒤샹의 상자는 책처럼 펼쳐 볼 수 있는 형식으로 된 작품이며, 다섯 부만 한정 제작하였다. 창작 노트, 계획, 작품의 사용법 등이 마치 기계 사용법 매뉴얼처럼 일종의 예술작품의 매뉴얼을 구성하고 있다. 책이 코덱스로 묶이기 이전의 시절로 돌아간 듯, 이미지와 텍스트가 낱장으로 독립되어 존

그림 45 뒤샹, 「거대한 유리」(Le Grand Verre: La mariée mise à nu par ses célibataires, même), 1915~1923.

그림 46 뒤샹, 「녹색 상자」(La Boîte Verte), 1934.

재하면서 자유롭게 뒤섞여 있는 것이다. 바인딩되지 않은 개별적인 노트의 모음, 창작의 결과물이 아니라 창작 구성의 메모가 결과물 그 자체가 되는 점, 그리고 이러한 특별한 책이 시각예술 작품처럼 출판 되었다는 사실이 의미 깊다. 이렇게 뒤샹의 상자는 완성된 책이 아닌 미완의 책, 시작하는 상태 그 자체로의 책을 보여 준다.

그는 1915년부터 1923년까지 「거대한 유리」(그림 45)라 불리는 작품을 제작했다. 이 작품은 유채, 니스, 납판, 납줄과 먼지를 두 장의 유리판 사이에 고정해서 알루미늄, 나무, 철로 된 틀을 끼운 복합 매체로 이뤄진 작품이다. 커다란 유리판 두 장의 윗부분에는 신부가 묘사되어 있고, 아랫부분에는 '총각들'이 묘사되어 있다. 그 후 이 작품을 위해 구상한 노트들 중 94개의 드로잉과 사진들이 「녹색 상자」(그림 46)라는 제목으로 원본 그대로 출판되었다. '그녀의 총각들에 의해 벌거벗겨진 신부, 조차도'라는 명칭으로 불리기도 하는 이 작품은 기계의 움직임과 변이를 섹슈얼리티와 뒤섞어 표현하고 있다.

「녹색 상자」는 컬러판과 93개의 수사본으로 구성되어 있으며, 밑줄 그은 부분과 삭제한 부분까지 그대로 옮겨진 노트, 드로잉, 사진, 스케치, 세밀한 연구 결과가 무질서한 순서로 들어 있어서 독자들이 스스로 시퀀스를 창조해 낼 수 있는 하이퍼텍스트의 전신으로도 볼 수 있다. 상자에 들어 있는 여러 작업 노트들은 "시각적으로 인지되지 않은 상태에서 발생 가능한 것을 기록해 놓은 것"(톰킨스, 『아방가르드의 다섯 노총각들』, 57쪽)으로 시각적인 완성도보다는 아이디어를 존중하는 뒤샹의 예술관을 잘 드러내고 있으며, 이러한 아이디어들은 훗날 작품으로 형상화되기도 한다. 다음은 그중 하나의 노트에 적힌 글이다.

우리는 보기를 볼 수 있다.
우리는 듣기를 들을 수 없다.
교육적인 것에
갈고리
독신자의 머리 꼭대기에서 떨어지는 장치는 상당히 확대된 갈고리 하나를 갖는다. 그리고 맨 밑에서 기능하는데, 그것은 두 개의 구멍을 통해 들어간다. 글라이더와 그라인더 사이에 자리 잡는다. (고드프리, 『개념미술』, 52쪽에서 재인용)

뒤샹의 책은 사유의 기록일 뿐 아니라 독자들을 사유하게 한다. 뒤샹은 그림이 단순히 감각으로서의 시각 행위로 규정지어지는 것에 반대한다. 그는 아름다움이 움직임이나 몸짓을 상상하는 일에서 생겨난다고 믿으면서 사물들이 갖고 있는 지적인 면을 해방시키고자 노력했다. 토니 고드프리는 개념미술에 대해 분석한 책에서 뒤샹의 이러한 작품에 대해 "작품을 제작하게끔 이끌어 주는 개념들이 그 자체의 권리를 가진 미술과 마찬가지로 전시될 것이다"라고 언급한다(고드프리, 『개념미술』, 52쪽). 다음은 뒤샹이 의도한 「녹색 상자」의 의미이다.

나는 이 앨범이 「거대한 유리」와 함께 읽히기를, 그리고 「거대한 유리」를 볼 때 함께 참조되기를 바랐다. 왜냐하면 내가 그것을 볼 때, 그것은 미학적 의미로 '바라보여서는' 안 되기 때문이다. 독자들은 반드시 책을 참조해야만 하며 이 둘을 같이 봐야 한다. 두 가지를 함께 보는 것은 내가 싫어하는 단순한 시각적인 측면에서 완전히 이동하도록 해준다. (Cabanne, *Dialogues with Marcel Duchamp*, pp.42~43)

「녹색 상자」는 영화 이전 동영상을 창조하고 보여 주는 기술 중 하나였던 디오라마diorama와 같은 축소 세트로 되어 있다. 상자를 통해 예술가는 관객의 정신을 동원하고자 노력하고 있으며, 관객에게 동시에 그림이라는 볼거리를 제공하고 있다. 뒤샹은 「녹색 상자」에 이어 「흰색 상자」La boîte blanche(1966)도 제작하였으며, 레디메이드 오브제의 개념에 관한 76개의 축소판 노트들을 이 안에 집어넣었다.

한편 「여행용 상자」(그림 47)는 뒤샹 자신의 거의 전 작품의 복제를 담고 있다. 즉 이는 뒤샹의 예술 작업의 총체적 축소판이자 요약본이다. 소형 서류가방 크기의 상자에 가죽을 씌우고 측면은 열린 상태로 두어서 마분지 상자, 복제품 모형, 사진, 원색으로 복제한 뒤샹의 작품, 예컨대 「샘」, 「계단을 내려오는 누드」 등을 넣어 두고 있다. 이는 곧 들고 다니는 개인 박물관이자, 한 예술가의 인생을 정리한 자서전 혹은 포트폴리오이며, 오브제로서의 책이 된다. 뒤샹의 상자는 모든 재료와 요소들을 전부 통합한 책이자 메시지이다.

그림 47 뒤샹, 「여행용 상자」(boîte-en-valise), 1935~1940.

한정본으로 제작된 뒤샹의 상자를 갖고 싶은 사람은 그에게 편지를 보내 주문을 하기만 하면 되었다. 이것이 바로 책의 미래라 일컬어지는 '주문형 출판'POD, Print On Demand의 시초가 아닐까? 필름 제판이나 쇄판 과정을 생략하고 컴퓨터로 작동·제어할 수 있는 인쇄기를 이용해 직접 전자출판DTP, Desk Top Publishing 화면에서 고속으로 인쇄하여 적은 부수라도 자유롭게 인쇄할 수 있는 주문형 출판이 이미 뒤샹에게서는 컴퓨터의 도움 없이 실현되었던 것이다.

4. 이미지와 텍스트의 역동적 교류

책의 개념을 새롭게 정의한 뒤샹의 '책 아닌 책'은 여러 예술가들에게 영향을 미친다. 영국의 소설가 브라이언 존슨Bryan Stanley Johnson

은 『불행한 사람들』이라는 자서전적인 소설을 뒤샹의 상자와 마찬가지로 묶여 있지 않은 분책들이 담긴 상자의 형태로 제시한다(그림 48). 텍스트에는 페이지가 매겨져 있지 않으며, 단지 중세 시대 책의 가장자리 장식을 연상시키는 ❖, ✿, ◎, ✠ 등의 컴퓨터 특수문자들이 각 분책의 첫 부분에 조그맣게 장식되어 있을 뿐이다. 로널드 슈스테르만은 이 책과 물리적으로 접촉함으로써 이미 책의 의미와 메시지를 전달받는다고 분석하면서, "이 책은 책의 의미를 이미 상징화하고 있는 부서지기 쉽고 다양한 오브제들을 우리로 하여금 다루게 함으로써, 그 형태 자체로 책의 견고함을 무너뜨린다"라고 지적한다(Shusterman, "Plasticité du livre, textualité de l'image", p.71). 존슨이 실험한 책들은 책 전체의 조형적인 배열뿐 아니라, 페이지 전체의 행간 조절이나 여백 등을 이용하여 등장인물의 심리 상태나 의식화되지 않은 언어가 쓰여질 수 있는 공간을 시각화하여 보고 읽을 수 있는 책, 이미지이자 물질이 되는 언어를 제시하고 있다. 이렇게 조형적인 책은 장식의 역할을 수행하는 것이 아니라 책의 개념에 대해 질문하면서 특히 이미지와 텍스트의 긴밀한 교류 및 결합의 문제를 다양한 방식으로 제기한다.

이는 에드워드 루샤Edward Ruscha의 경우도 마찬가지다. 그는 『26개의 주유소』(그림 49)를 통해 사진첩 형태의 새로운 책을 보여준다. 뒤샹의 「녹색 상자」와 더불어 북아트의 효시가 된 대표적인 작품으로 일컬어지는 이 독특한 책은 48페이지에 걸쳐 그가 살고 있는 로스앤젤레스와 그가 자라난 오클라호마시티 사이에 있는 26개의

그림 48 존슨, 『불행한 사람들』(The Unfortunates), 1969.

그림 49 루샤, 『26개의 주유소』(Twentysix Gasoline Station), 1969 중에서

주유소 사진으로 구성된다. 사진에는 텍스트가 동반되지 않으며 비순차적으로 배열되어 있어서 작가 자신이 "내 사진들은 흥미라든가 주제 문제와는 상관없다. 그것들은 단순히 '사실들'의 수집일 뿐이다. 내 책은 '레디메이드'를 수집한 것과 같다"(고드프리, 『개념미술』, 99쪽에서 재인용)라고 말한 의도를 입증해 준다. 특별한 감정도 개입되어 있지 않고, 작가의 시점도 드러나지 않는 책은 어떤 의미를 담고 있으며, 어떤 기능을 하고 있을까? 그는 위에 인용한 글에서 책의 개념을 뒤샹의 '레디메이드' 개념으로 재정의하고 있다. 뒤샹의 레디메이드의 핵심은 기성품을 작가가 '선택'하여 여기에 새로운 의미와 맥락을 부여하는 행위에 있다. 이에 따르면 루샤의 책에서는 작가와 독자, 책의 역할이 새롭게 부여된다. 작가는 이 세상에 없는 새로운 것을 창조하는 자, 새로운 책을 쓰는 자가 아니라 기존에 있는 것을 선택하는 자, 여기에 새로운 맥락을 부여하는 자이며, 독자는 완성된 책을 수동적으로 읽기만 하는 자가 아니라 독서의 방식을 결정하고 책에 순서를 부여하며 책을 완성하는 사람이 된다.

또한 책은 이 둘 사이의 적극적인 소통을 매개하는 매체로 기능한다. 따라서 루샤의 책은 열린 텍스트들의 집합이며, 언제든 변화 가능하고 무수한 이야기의 조합들이 만들어지는 생성 그 상태로 남아 있게 됨으로써, 인터넷이 생성한 텍스트인 하이퍼텍스트를 떠올리게 한다. 빌렘 플루서Vilém Flusse는 『디지털시대의 글쓰기』에서 디지털 시대에 우리가 종이책에 대해 갖고 있는 정서에 대해 다음과 같이 질문한다. "문자가 지양되어질 수 있다면, 우리의 주변 세계에는 단지 포장지만 존재하고 다른 종류의 종이는 존재하지 않을 것이다. 향수에 사로잡힌 채 종이 원료인 셀룰로오스는 자신의 근원으로 되돌아갈 것이고, 숲들은 초록으로 빛날 것이며, 갈대잎은 나일 강가에서뿐만 아니라 지상의 모든 하천가에서 아침 바람에 휘날릴 것이다. 우리와 같은 책벌레들, 즉 종이를 파먹는 흰개미 같은 존재들은 이러한 초록의 유토피아에 대해 두려워하고 있지는 않은가?"(플루서, 『디지털 시대의 글쓰기』, 171쪽). 그는 종이를 '고향'에 비유한다. 그에 따르면 우리에게 종이는 "우리의 모든 체험들과 인식들을 빨아 당기는 그러한 밑바탕"이라는 것이다(174쪽). 시원과 고향을 일깨우는 책 고유의 몸짓은 다분히 물리적이다. 플루서는 이를 '돌리기', '펼치기', '넘기기'의 세 동작으로 설명한다. 책 돌리기는 서가에서 책을 선택해 표지, 책등에서 배로 향하는 행동으로 책의 판형, 북디자인, 표지, 제목 등을 처음 접하게 된다. 책 펼치기는 작가와 독자의 직접적인 교류가 일어나는 행동으로 독자는 목차, 도판, 색인 등을 통해 책을 읽을 방식을 결정한다. 마지막으로 책장 넘기기는 강제된 선택이지만, 플루서는 이것이 작가가 정해 준 대로 순차적으로 읽는 것이 아니라 우연에 의해 넘겨지면서 새로운 독서 방법과 방향성이 만들어진다고 말하고 있다(175~184쪽). 이러한 지적은 흥미롭게도 종이책이 선형적이며 작가가 일방적으로 부여하는 텍스트라는 입장을 넘어 독자의 (우연한) 선택을 가능하게 하는, '하이퍼텍스트'적 성격을 갖고 있음을 보여 주고 있다. 즉 루샤의 책과 플루서가 제시하는 책의 개념은 하이퍼텍스트의 가능성이 책 자체에 이미 내재해 있거나 다양한 방식을 통해 구현될 수 있음을 알려 준다는 점에서 흥미롭다.

한편 벨기에의 시인이자 미술가인 마르셀 브루데어스Marcel Broodthaers는 1964년 전시에서 자신의 기존의 책 『비망록』Pense-Bête 을 고무공과 함께 석고 속에 넣어서 제시한다. 그리하여 관람자들이 그 책을 꺼내 읽는다면 예술작품을 파괴하는 행위를 하게 되도록 만들었다. 또한 플럭서스 운동*과 미니멀리즘 조류에 동참했던 로버트 모리스Robert Morris는 첫 개인전에서 뒤샹적인 작품 「자체가 만들어지는 소리를 지닌 상자」Box with the Sound of its Own Making(1961)를 발표한다. 23센티미터 크기의 정육면체 상자에는 그것을 만드는 망치질 소리와 톱질 소리가 녹음된 테이프가 들어 있다.

한편 뒤샹은 상자 시리즈 이외에도 여러 다른 기계적 장치의 실험들을 통해 새로운 책의 개념들을 더욱 확장해 나갈 수 있는 가능성을 열어 보인다. 뒤샹이 기계 매체 실험에서 강조한 것은 무엇보다 움직임과 역동성이었다. 그의 유명한 작품인 「계단을 내려가는 누드」(그림 50)는 일종의 그려진 크로노포토그래프chronophotographe 라 할 수 있다. 크로노포토그래프란 특별한 움직임 속에 있는 연속적인 동작을 한 이미지 속에서 파악해 낼 수 있는 사진 테크닉을 말한다. 영화가 나오기 직전 초기의 실험 단계에서 머레이Etienne-Jules Marey와 머이브리지Eadweard Muybridge가 크로노포토그래프 판들로

---

* '흐름', '변화'라는 의미의 실험 예술 운동으로 기존 예술과 문화에 대한 고정관념을 타파하고 다양한 매체와 소재, 장르를 통합한다.

그림 50 뒤샹의 「계단을 내려가는 누드」(Nu descendant un escalier n° 2), 1912.

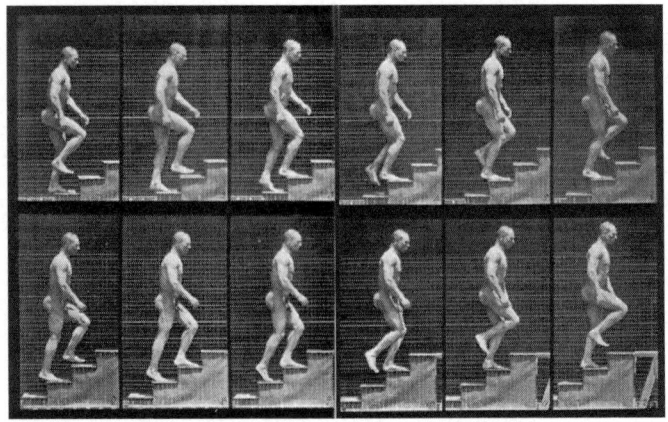

그림 51 머이브리지, 「계단 올라가기」(Ascending Stairs), 1884~1885.

보여 준 것(그림 51)과 마찬가지로, 뒤샹은 「계단을 내려가는 누드」를 통해 움직이는 물체가 남긴 빛의 흔적들을 그림으로 형상화하였다.

「회전유리판」(그림 52)은 영화와 애니메이션의 전신이라 할 수 있다. 그는 강한 모터로 작동되는 축 위에, 눈금을 매긴 사각형의 유리판들을 나란히 설치했다. 유리판의 각 끝부분에는 흑백의 선을 그려 빨리 회전할 때 계속 둥근 모습으로 보이도록 만들었다. 이는 곧 시각을 감각에서 지성의 산물로 전환하려는 노력을 보여 준다. 이 작품은 보는 사람이 스스로 광학기계를 돌리고 1미터 떨어져 서서 이를 감상하게 함으로써, 보는 사람을 참여하는 사람으로 만들고 스스로 작품을 완성하게 하는 인터랙티브 아트의 전신으로도 볼 수 있다.

새로운 매체로서의 책의 개념에 좀더 직접적으로 영향을 미친 것은, 뒤샹이 이미지와 텍스트를 공존시키고, 이를 역동적이고 자동화된 방식으로 변형시킨 「반원형 회전기」Rotative demi-sphère(1923)에서 찾아볼 수 있다. 이것은 소용돌이 모양으로 진동하는 광학기계라고 할 수 있는데, 뒤샹은 만 레이, 마르크 알레그레Marc Allegret와 함께 제작한 「현기증 나는 영화」(그림 53)라는 7분짜리 흑백 무성영화에 이 회전기를 담는다. 반원형 회전기에는 그래픽 디자인이 그려진 원반 주변에, 뒤샹 자신이 '로즈 셀라비'Rrose Sélavy* 라는 가명으로

---

* "Eros, c'est la vie"(에로스, 그것이 삶이다), "arroser la vie"(삶에 물 주기) 등의 언어유희로 발음할 수 있으며, 여장 남자로 변장한 뒤샹 자신의 젠더 아이덴티티, 관습화된 언어의 의미를 배격하고 다의성을 창출하는 언어적 아이덴티티를 실험하고 있다.

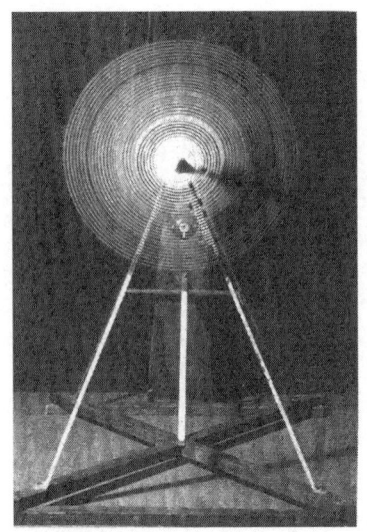

그림 52 뒤샹, 「회전유리판」(Rotative plaques verre), 1920.

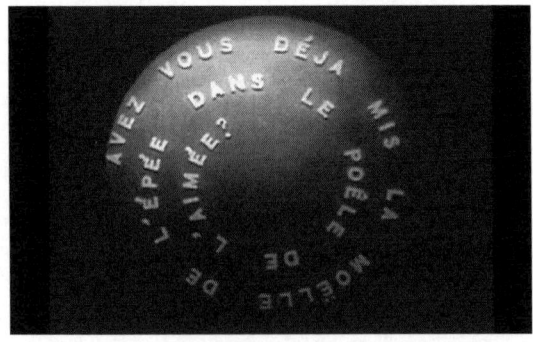

그림 53 뒤샹, 「현기증 나는 영화」(Anémic cinéma, 1926) 중의 한 장면

짧은 길이의 음소군을 반복하고 도치하면서 쓴 언어유희적 텍스트들이 회전하는 모양처럼 쓰여 있다. 이런 상태에서 기계를 돌리면 공간의 최면적인 일루전과 깊이를 창출해 내면서 계속 꼬리에 꼬리를 무는 끝나지 않는 이미지-텍스트가 생성된다. 교차적으로 회전하는 원반은 언어적·시각적 이미지들을 포착하면서 서로 다른 차원의 보는 과정을 드러낸다.

로잘린드 크라우스는 '로즈 셀라비'의 회전하는 문장들 중 '자벨과 나의 내부에 살고 있는 열망하는 사람인 나는 나선형으로 살고 있었다'L'aspirant habite Javel et moi j'avais l'habite en spirale의 예를 들어 그 의미를 분석하고 있다. 이 문장은 "계속적으로 먹혀 들어가는 소리의 전이"로 읽히게 되는데, "여기서 '나선형으로'en spirale는 '열망하는'l'aspirant의 음절들을 서로 바꾸어 내는 것 같은 소리로 읽혀지고, 따라서 이 문장의 끝은 그 시작과 섞이는 혹은 그것을 향하여 나아가는 느낌을 자아낸다." '그리고 나'et moi를 중심으로 첫번째 음절이 마지막 음절에 대응하고 있고 또한 그러한 대칭성이 중심을 향하여 내부로 지속되기 때문에 이 문장 자체가 나선형을 이루고 있다는 것이다(크라우스, 『현대조각의 흐름』, 101쪽; 129쪽 각주 9번). 한편 카트리나 마르탱Katrina Martin은 이 문장에 숨은 에로틱한 의미를 다음과 같이 분석한다. "자벨은 표백제인 '자벨액'eau de Javel이 나오는 곳이다. 그것은 그 액체 자체일 수도 있다. 속어로 '달걀 흰자'blanc d'œuf는 정자를 가리키며, '자벨액'eau de Javel은 여성의 성적 공간을 의미한다. '열망하는 사람은 자벨의 안에 살고 있다'는 '여성의 안에 살고 있다'

로 해석되고, '그리고 나, 나는 내 거주지(나의 성기)를 나선형을 돌렸다'라는 문장은 자위행위적인 것으로 받아들여진다(Martin, "Marcel Duchamp's Anémic cinéma"). 이러한 분석 외에도 언어의 유희는 성적인 암시를 더욱 배가한다. '살고 있다'라는 뜻의 "habite"는 동음이의어의 유희로 전이하기 위해 "l'haite"으로 약간만 변형하면 남성의 성기를 일컫는 프랑스 속어인 "La bitte"처럼 들리게 된다. 그렇다면 이 문장은 "…… 그리고 나, 나는 나의 성기를 나선형으로 돌렸다"로도 읽힌다.

그 밖에도 '레디메이드 언어'라고도 불리는 '사랑하는 사람의 털 속에 칼의 골수를 들이밀어 보았는가?'Avez vous déjà mis la moëlle de l'épée dans le poêle de l'aimée?, '로즈 셀라비와 나는 에스키모의 멍든 곳이 우아하다'Rrose et Moiesquivons les ecchymoses de Esquimowx aux Mots exquis. 등의 문장은 기존의 '의미 중심'의 언어에 대한 위반을 통해 '음성 중심'의 언어, 에로틱하며 그로테스크한 언어를 창출한다. 회전하는 원판의 리듬과 언어의 유희에 의해 이뤄지는 언어의 리듬이 동적으로 어우러지고 있는 것이다. "그 자신에게로 되돌아오는 것을 상징하는 나선형을 반복해서 사용한 점은 자기애적인 성욕을 드러내고 있으며"(크라우스, 『현대조각의 흐름』, 104쪽), 성적인 암시를 지닌 문장의 내용과 마찬가지로 나선형의 들어가고 나오는 이미지들은 성적인 하위 텍스트를 암시하고 있다.

뒤샹은 「현기증 나는 영화」를 발전시켜 1935년에는 「회전부조」 Rotoreliefs를 만든다. 이것은 둥근 카드상자 원판들로 되어 있다. 그는 추상적인 디자인을 원판 위에 인쇄하여 1분당 3회전의 속도로 회전시킬 때마다 세 가지 면에서 오브제를 볼 수 있도록 만들었다. 이는 원판에 그림을 그리고 회전시켜 움직임을 보이게 하는 기법을 실험한 19세기(1834년경) 페나키스티스코프 디스크phenakistiscope disc와 흡사하다. 뒤샹은 때로 3차원적 오브제로 보이기도 하는 이 디스크를 통해 시각의 표면에서 이면으로, 정신세계로 향하는 깊이를 탐색하였으며, 이를 통해 생겨나는 '환각', '착시 현상'이 만들어 내는 새로운 세계를 보여 주었다. 로렌스 스티펠은 뒤샹과 기계의 주제를 연구한 글에서 뒤샹의 시학을 말라르메적이라고 결론 내린다. 뒤샹은 아이러니가 강하게 드러나는 정신적 자유의 시학, 창조적인 독립성의 시학을 지니고 있다는 점에서 말라르메적이며, 끊임없이 회전하는 이미지를 통해 잃는 것과 얻는 것, 파토스와 엑스터시 사이의 교차적인 움직임을 보여 주면서, 궁극적으로는 자기 자신의 변용을 보여 주고 있다는 것이다(Steefel, "Marcel Duchamp and the machine", pp.69~80).

뒤샹의 기계들은 영화의 전신이 되는 주트로프, 포노스코프, 타키스코프, 키네토스코프 등 몇 개 이상의 이미지를 움직이게 하는 장치들을 연상시키는데, 이들은 모두 "루프, 즉 계속 반복해서 보일 수 있는 행위를 전체로 보여 주는 이미지의 시퀀스에 기반을 두고 있다"(마노비치, 『뉴미디어의 언어』, 374~375쪽). 마노비치는 뉴미디어의 언어를 연구하는 책에서 19세기 영화 이전 기술과 디지털 영화의 유사성을 다각도로 보여 준다. 이 과정에서 루프 형식을 뉴미디어의 새로운 가능성을 만들어 내는 원천이라고 말한다. 영화와 컴퓨터 프로그램을 탄생시킨 기반이 되는 루프 형식은 서사를 움직이게 하는 엔진으로서의 루프 개념으로 발전하여 새로운 시간성을 생성해 낸다는 것이다(394~397쪽). 뒤샹이 미래의 새로운 예술과 뉴미디어에 미친 영향은 지대하다. 뒤샹은 인체를 기계로, 캔버스를 유리로, 유화물감과 붓을 실과 풀로, 그림을 오브제로, 창작을 일상 오브제들에 작가의 사인을 덧붙이는 행위로 전환한다. 기존의 오브제를 선택하는 행위 자체, 그것의 용도를 바꾸는 행위 자체가 뒤샹의 창작에 있어 핵심을 이루는 것이다. 그는 이를 통해 복합 매체를 실험하고 매체 전환을 자유자재로 시도하는 선구적인 작품들을 만들어 냈다. 그리하여 그는 「거대한 유리」의 경우처럼 혼합 매체로, 「현기증 나는 영화」의 경우처럼 영화로 다양한 매체적 실험을 하면서 오늘날 뉴미디어의 기원으로 자리매김될 수 있다. 뒤샹은 여기에 새로운 서사성(말놀이로 된 분절된 서사성)의 개념을 선구적으로 실험하여, 영화의 이미지성뿐 아니라 오늘날의 전자책, 멀티북 등에서 실험되는 동적 텍스트성에 대한 새로운 길을 열었다고 보인다.

5. 묶임과 열림의 변주와 책의 가능성

종이책은 물론 멀티북, 전자책 등 여러 형태의 책이 공존하는 오늘날의 시각으로 볼 때, 사운드 및 텍스트의 유희와 시각적 유희가 어우러져 메시지를 만들어 내고, 관람자의 참여를 유도해 낸 뒤샹의 기계들은 충분히 선구자적인 면모를 가지고 있음을 알 수 있다.

　뒤샹에게 책은 단지 자신의 예술을 표현하는 도구가 아니었다. 그는 북바인딩에서 표지 디자인, 책 겉표지처럼 세워 놓은 녹색 상자의 외관에 이르기까지 끊임없이 '책'과 관련되는 작업을 하면서 책의 개념과 형태에 대해서 질문을 던졌다. 즉 뒤샹이 실험한 책은 정보와 지식을 전달하는 도구가 아니라 책의 모든 형태와 기능을 밀집하여 미학적 가치를 전달하는 예술 매체로 기능했다. 뒤샹이 선구적이었던 점은 오브제로서의 책이 보여 줄 수 있는 여러 형태들을 모색하며 그때까지 간과되었던 책의 물리적 형태를 탐사했다는 사실에 있다. 뒤샹은 마치 자신의 두뇌를 펼쳐 보이듯 창작품의 밑그림이 되는 자신의 모든 설계도들을 상자 밖으로 꺼내도록 독자들에게 유도하였다. 그는 완성된 결과물이 아닌 컨셉으로서의 책을 독자들에게 제시하여 책과 예술과 창조 작업에 대한 새로운 개념을 알렸던 것이다.

　기존의 종이책이 어떤 형태로든 묶여 있는 가운데 고정된 자유로움을 보여 준다면, 뒤샹은 바인딩된 책이 아니라 상자 속에 들어 있는 낱장 낱장의 글을 통해 이보다 더 자유로운 상태를 실험했다. 이를 통해 그는 책의 형태가 반드시 책을 담고 있는 텍스트에 종속되어서는 안 되며, 단어를 보관하는 서랍의 용도로만 쓰여서는 안 된다는 것을 일깨워 준다. 이미지와 텍스트가 어우러지는 뒤샹의 회전하는 기계들은 언어·사진·그림·소리들이 결합하고, 영화·사진·책이라는 서로 다른 매체들이 교차되고 혼합될 수 있는 지점들을 보여 준다. 뒤샹의 상자와 기계 실험들은 반세기 뒤에나 나올 컴퓨터 기반의 새로운 텍스트들을 연상시키면서, 책이 새로운 실험의 전위적 매체이며 수많은 잠재력을 지니고 있음을 알리고 있다. 뒤샹의 작품들은 기술적인 면이 정신적인 면을 손상시키지 않으며, 오히려 환기시킨다. 뒤샹의 작품의 의미는 기술과 인간, 물질과 정신이 때로는 긴장의 관계 속에서 때로는 조화롭게 공존할 수 있는 길을 현대사회를 사는 우리들에게 보여 주었다는 데 있다.

생각해 보면 책은 단지 지식 전달의 도구였을 뿐 아니라 초기부터 지금까지 계속해서 '매체'였다. 하나의 매체가 다음 매체에게 자리를 넘겨줄 때 원래의 매체가 반드시 소멸되는 것은 아니다. 책은 다양한 모습으로 변화를 모색하고 있으며, 전자책이나 멀티북뿐 아니라 종이책을 비롯한 책 자체가 바인딩, 페이지, 텍스트와 그림, 페이지 넘김, 디스플레이 등의 구성 요소 전체를 통해 이미 다매체적인 속성을 내포하고 있다. 예술 매체로서의 책은 지식을 전달하는 매개의 역할에 그치는 것이 아니라 책 자체가 예술가의 작품으로 기능한다. 책은 모양, 크기, 목적, 용도, 가격 등 복합적인 구성 요소들을 통해 예술의 모든 방식을 독특하고 새로운 방식으로 조합하고 있다. 예술 매체로서의 책은 새롭고 우연한 공간을 생성하고 여백이나 간격에 중요성을 부여하여 텍스트 안과 밖을 모두 보고 읽게 만든다. 다양한 장정 방식은 책 읽는 방법의 재해석을 가져오며, 책을 중심으로 한 예술 형식의 융합은 우리에게 읽기와 보기란 무엇인가에 대한 근본적인 질문을 다시 던지게 한다.

"세계는 한 권의 아름다운 책에 이르기 위해 만들어졌다"라고 말라르메는 말했다. 책이 활자 문화의 산물이라는 독점적인 사고방식에서 탈피했을 때, 책이 갖고 있는 다양한 잠재적 본질이 드러난다. 전자책은 종이책으로, 종이책은 전자책으로 서로 넘나들면서 변신을 꾀하는 오늘날, 매체로서의 책은 고정불변의 정해진 형태로 지식을 매개하는 '수단'으로만 존재하는 것이 아니라 다채로운 모습으로 늘 새로운 지식을 선도해 나가고 있다. 책은 '단절의 시대'를 거쳐온 것이 아니라 두루마리 형태의 초기 모습에서부터 구텐베르크 혁명, 계몽주의 독서 혁명, 디지털 혁명이라는 모색과 쇄신의 시대를 거쳐 꾸준히 변화·발전되고 있다. 그러한 역사적인 연속성 안에서 본다면 책은 미래의 테크놀로지 사회에서도 끝없이 새로운 방식으로 변모하고 발전해 나갈 수 있으리라 생각된다.

참고문헌

고드프리, 토니, 『개념미술』, 전혜숙 옮김, 한길아트, 2002.
곰브리치, 에른스트, 『예술과 환영: 회화적 재현의 심리학적 연구』, 차미례 옮김, 열화당, 2003.
루더, 에밀, 『타이포그래피』, 안상수 옮김, 안그라픽스, 2001.
마노비치, 레프, 『뉴미디어의 언어』, 서정신 옮김, 생각의나무, 2004.
미첼, W. J. T., 『아이코놀로지: 이미지, 텍스트, 이데올로기』, 임산 옮김, 시지락, 2005.
바르트, 롤랑, 김인식 편역, 『이미지와 글쓰기: 롤랑 바르트 이미지론』, 세계사, 1993.
샤르티에, 로제, 「책의 과거와 미래」, 이브 미쇼 외 지음, 『문화란 무엇인가』 1권, 강, 2004.
스미스, 키스, 『키스 스미스의 북아트』, 김나래 옮김, 열린책들, 2004.
시부사와 타츠히코, 『몸, 쾌락, 에로티시즘』, 문대찬 옮김, 바다출판사, 1999.
오몽, 자크, 『이마주: 영화·사진·회화』, 오정민 옮김, 동문선, 2006.
정헌이, 「르네 마그리트의 작품에 있어서 '그리기'와 '쓰기': 마그리트와 재현의 파라독스」, 『현대미술사연구』 11집, 2001.
츠노 카이타로, 『구텐베르크 은하계의 행방: 21세기 활자문화는 어디로 가는가』, 한기호·박지현 옮김, 한국출판마케팅연구소, 2002.
크라우스, 로잘린드, 『사진, 인덱스, 현대미술』, 최봉림 옮김, 궁리, 2003.
_____, 『현대조각의 흐름』, 윤난지 옮김, 예경, 2003.
테라야마 유사쿠, 「그래픽디자인의 원형으로서의 엘 리시츠키」, 국립현대미술관·대한출판문화협회, 『Art Book Art』, 랜덤하우스중앙, 2003.
톰킨스, 칼빈, 『아방가르드의 다섯 노총각들』, 송숙자 옮김, 현대미학사, 1993.
플루서, 빌렘, 『디지털시대의 글쓰기: 글쓰기에 미래는 있는가』, 윤종석 옮김, 문예출판사, 1998.
피아, 파스칼, 『아폴리네르』, 황현산 옮김, 열화당, 1983.

Anis, Jacques, "Vilisibilité du texte poétique", *Langue française*, vol.59, 1983.

Apollinaire, Guillaume, *Calligrammes*, Paris: Gallimard, 1966[1925].

____, *Journal Intime 1898-1918*, ed. Michel Décaudin, Paris: Editions du Limon, 1991.

____, "L'Esprit nouveau et les poètes", ed. Michel Décaudin, *Œuvres complètes*, Paris: Balland et Lecat, 1966.

Bargiel, Réjane ed., *150 ans de publicité*, Paris: Union centrale des arts décoratifs, 2004.

Barthes, Roland, "Arcimboldo ou Rhétorique et Magicien", *L'obvie et l'obtus*, Paris: Seuil, 1982.

Bataille, Georges, *L'érotisme*, Paris: Union Générale, 1957. [『에로티즘』, 조한경 옮김, 민음사, 2009.]

Bobillot, Jean-Pierre, *Trois essais sur la poésie littérale: de Rimbaud à Denis Roche d'Apollinaire à Bernard Heidsieck*, Romainville: Al Dante, 2003.

Bohn, Willard, *The Aesthetics of Visual Poetry, 1914-1928*, Chicago: The University of Chicago Press, 1986.

Bonaparte, Marie, *Chronos, éros, thanatos*, Paris: Presses Universitaires de France, 1952.

Boschetti, Anna, *La Poésie partout. Apollinaire homme-époque (1898-1918)*, Paris: Seuil, 2001.

Cabanne, Pierre, *Dialogues with Marcel Duchamp*, New York: Viking, 1971.

Campa, Laurence, *La poétique de la poésie*, Paris: Sedes, 1998.

Cassandre, Adolphe Mouron, "Bifur, caractère de publicité dessiné par A. M. Cassandre", *Arts et Métiers Graphiques*, no.9, 1929.

Christin, Anne-Marie, *L'image écrite ou la déraison graphique*, Paris: Flammarion, 1995.

Collot, Michel, *La matière-émotion*, Paris: Presses Universitaires de France, 1997.

Debon, Claude, *Calligrammes dans tous ses états*, Vanves: Calliopées, 2008.

Décaudin, Michel, "Apollinaire à la recherche d'une victoire sur l'espace et le temps", ed. Claude Tournadre, *Les critiques de notre temps et Apollinaire*, Paris: Garnier Frères, 1971.

_____, "Et moi aussi je suis peintre", ed. Claude Tournadre, *Les critiques de notre temps et Apollinaire*, Paris: Garnier Frères, 1971.

Eluard, Paul, *Œuvres complètes*, Tome I, eds. Marcelle Dumas and Lucien Scheler, Paris: Gallimard, 1968.

Foucambert, Jean, *La manière d'être lecteur*, Paris: OCDL-SERMAP, 1970.

Goodman, Nelson, *Languages of Art: An Approach to a Theory of Symbols*, 2nd ed., Indianapolis: Hackett, 1976. [김혜숙·김혜련 옮김, 『예술의 언어들: 기호 이론을 향하여』, 이화여자대학교 출판부, 2002.]

_____, *Of Mind and Other Matters*, Harvard: Harvard University Press, 1984.

Guiraud, Pierre, *Le langage du corps*, Paris: Presses universitaires de France, 1980.

Hamon, Philippe, *Imageries: littérature et image au XIXème siècle*, Paris: Corti, 2001.

Hardy, Christophe, *Tout savoir sur le livre*, Paris: Savoir Livre, 1999.

Jacaret, Gilberte, *La dialectique de l'ironie et du lyrisme dans Alcools et Calligrammes de G. Apollinaire*, Paris: A. G. Nizet, 1984.

Joly, Martine, *Introduction à l'analyse de l'image*, Paris: Nathan, 1993. [김동윤 옮김, 『영상 이미지 읽기』, 문예출판사, 1999.]

_____, *L'image et les signes*, Paris: Nathan, 1994. [이선형 옮김, 『이미지와 기호: 고정 이미지에 대한 기호학적 연구』, 동문선, 2004.]

Lambert, Jean-Clarence et al., *Blasons du corps féminin*, Paris: 10-18, 1996.

Lapacherie, Jean-Gérard, "Écriture et lecture du calligramme", *Poétique*, no.50, 1982.

Mariniello, Silvestra, "La litéracie de la différence", Jean-Louis Déotte, Marion Froger and Silvestra Mariniello, *Appareil et intermédialité*, Paris: L'Harmattan, 2007.

Marks, Laura, *The Skin of the Film: Intercultural Cinema, Embodiment, and the Senses*, Durham: Duke University Press, 2000.

Martin, Katrina, "Marcel Duchamp's Anémic cinéma", *Studio international*, vol.189 no.973, 1975.

Merleau-Ponty, Maurice, *L'Oeil et l'esprit*, Paris: Gallimard, 1999.

Michell, W. J. T., *Picture Theory: Essays on Verbal and Visual Representation*,

Chicago: University of Chicago Press, 1994.
Mouron, Henri, *A. M. Cassandre*, New York: Rizzoli, 1985.
Peyré, Yves, *Peinture et poésie: Le dialogue par le livre*, Paris: Gallimard, 2001.
Porchet, Michel, "Appareil et phénoméalité", Jean-Louis Déotte, Marion Froger and Silvestra Mariniello, *Appareil et intermédialité*, Paris: L'Harmattan, 2007.
Richaudeau, François, *La lisibilité*, Paris: Denoël, 1969.
Riese-Hubert, Renée, "Intertextualité et illustration: La poupée de Bellmer et d'Eluard", *Les mots la vie*, No.hors-série, 1984.
Saunders, Dave, *XXe siècle PUB: un siècle de publicité*, Paris: Hachette-livre, 2000.
Shusterman, Ronald, "Plasticité du livre, textualité de l'image: quelques réflexions à partir de B. S. Johnson, Richard Long et d'autres rêveurs", eds. Liliane Louvel and Henri Scepi, *Texte/Image: nouveaux problèmes*, Rennes: Presses universitaires de Rennes, 2005.
Steefel, Lawrence D., "Marcel Duchamp and the Machine", Anne d'Harnoncourt and Kynaston Mcshine, *Marcel Duchamp*, New York: The Museum of Modern Art, 1973.
Vaillant, Alain, *La poésie*, Paris: Nathan, 1992.
Vouilloux, Bernard, "Texte et image ou verbal et visuel?", eds. Liliane Louvel and Henri Scepi, *Texte/Image: nouveaux problèmes*, Rennes: Presses universitaires de Rennes, 2005.

더 읽을 책

미셸 푸코, 『이것은 파이프가 아니다』, 김현 옮김, 고려대학교 출판부, 2010

정교하고 '사실적으로 보이는' 파이프 그림 아래 "이것은 파이프가 아니다"(Ceci n'est pas une pipe)라고 쓴 마그리트의 그림은 텍스트와 이미지의 오랜 관습적인 관계들을 전복시켰다. 푸코는 이러한 마그리트의 그림들을 통해 말과 그림, 말과 사물, 대상과 재현의 관계에 대한 사유를 촘촘하게 전개한다. 하나의 선언과도 같은 그림을 출발점으로 하여 각자의 분야에서 텍스트와 이미지의 관계에 대해 오래 천착해 온 두 대가의 생각을 보고 읽을 수 있는 과정의 즐거움을 느끼게 해준다.

알베르토 망구엘, 『알베르토 망구엘의 나의 그림 읽기』, 강미경 옮김, 세종서적, 2004

'읽는 이미지'의 풍요로운 사례들을 볼 수 있는 책이다. 저자는 모든 그림에 이야기와 수수께끼가 숨어 있으며 책을 읽듯이 그림을 읽어 낼 수 있다고 말한다. 침묵의 언어로 세계를 묘사한 조앤 미첼, 그림 곳곳에 수수께끼 같은 암시를 숨겨 놓은 로베르 캉팽, 역사적 기억을 담은 '말하는 건축'을 세운 피터 아이젠만 등 저자는 그림·조각·사진·건축물·무대 이미지들을 넘나들면서 이미지-텍스트를 읽어 내는 독창적인 분석 방법을 제시한다.

에른스트 곰브리치, 『예술과 환영: 회화적 재현의 심리학적 연구』, 차미례 옮김, 열화당, 2003

실물을 재현해 그린 1600년대 어느 이탈리아 판화의 고래에는 귀가 달려 있다. 18세기까지 박물학 관련 책에 삽화로 실렸던 뒤러의 코뿔소에는 용의 비늘이 덮여 있다. 화가들이 실물을 대충 보고 그렸기 때문이었을까? 이 책의 저자이자 영국의 미술사학자인 곰브리치는 그 이유를 우리가 보는 대로 그리는 것이 아니라 아는 대로 그리기 때문이라고 말한다. 재현의 심리학과 역사를 다룬 이 책은 이미지를 그리고 읽고 해독하는 과정에서 심리적으로 어떤 일이 개입되고 있는지를 세세히 파고들고 있다. 우리가 가시적인 세계를 새롭게 보고자 한다면 우선 이 책을 읽고 우리의 눈을 사용하는 법을 알아야 한다.

레프 마노비치, 『뉴미디어의 언어』, 서정신 옮김, 생각의나무, 2004

전통적인 종이책 텍스트와 회화 이미지의 관계는 뉴미디어 시대에 어떻게 다르게 전개될 것인가? 또한 우리가 보고 읽고 쓰는 방식은 어떻게 바뀔 것인가? 뉴미디어 전문가인 마노비치는 이 책에서 뉴미디어 미학을 기존의 회화·사진·영화·텔레비전과 연관시키고, 나아가 이를 벗어나는 뉴미디어 자체의 근본 원칙들을 정립해 나가면서 위와 같은 질문에 대한 전망을 제시한다. 보는 텍스트, 읽는 이미지의 다음 단계가 어떻게 펼쳐질지에 대해 궁금한 독자들에게 이 책을 권한다.

로베르 마쌩, 김창식 편역, 『글자와 이미지』, 미진사, 1994

글자와 이미지의 끊임없는 상호 관계에 대해 연구하고자 하는 사람들에게 풍요로운 영감을 주는 책이다. 그래픽 디자이너이자 일러스트레이터인 저자는 10년에 걸쳐 수집한 글자와 이미지에 관련된 동서양의 방대한 자료와 상세한 분석을 이 책에 담고 있다. 거리의 간판, 표지판에 넘쳐 나는 글자와 이미지의 상징과 함의, 글자화된 이미지, 이미지화된 글자의 여러 형태들과 기호적 상징에 대해 역사적·미학적·사회적 시각으로 사유를 펼치고 있다.

찾아보기

광고포스터 65, 119
구성주의 122
굿맨, 넬슨(Nelson Goodman) 9~10
그리너웨이, 피터(Peter Greenaway) 103, 114
기호화법 24~25
낭만주의 시대 21
달리, 살바도르(Salvador Dalí) 55~56
대화시 기법 128
대화하는 책(livre de dialogue) 165~166
데스노스, 로베르(Robert Desnos) 47
데코멩, 미셸(Michel Décaudin) 141
뒤샹, 마르셀(Marcel Duchamp) 159~160, 167
　　~에게 있어서 책 186~187
　　~의 기계 실험 181~186
　　~의 레디메이드 177
　　~의 말라르메적 성격 185
　　~의 북바인딩 167~168
　　~의 '상자' 시리즈 169~174
드봉, 클로드(Claude Debon) 145~148
레이, 만(Man Ray) 58~59, 181
로즈 셀라비(Rrose Sélavy) 181~182
루더, 에밀(Emil Ruder) 102
루보, 자크(Jacques Roubaud) 118
루샤, 에드워드(Edward Ruscha) 175~176

루프(loop) 형식 185~186
르베르디, 피에르(Pierre Reverdy) 35~38
리쇼도, 프랑수아(François Richaudeau) 120~121
리시츠키, 엘(El Lissitzky) 122~123, 163~165
마그리트, 르네(René Magritte) 25~26
　　~에게 있어 언어와 이미지 27~29
　　~의 파이프 변용 31~33
마노비치, 레프(Lev Manovich) 185
마뉘프림(manuprimes) 145
마로, 클레망(Clément Marot) 94
마송, 앙드레(André Masson) 23~24
『마쿠라노소시』(まくらのそうし, 枕草子) 91~93
말라르메, 스테판(Stephane Mallarmé) 123~124, 188
맥루한, 마샬(Marshall McLuhan) 70~71
메를로퐁티, 모리스(Maurice Merleau-Ponty) 25, 31, 33
모리스, 로버트(Robert Morris) 179
모리스, 윌리엄(William Morris) 163
문해력(literacy) 119, 121, 124, 151~152
미로, 호안(Joan Miró) 33
미첼, W. J. T.(W. J. T. Mitchell) 9

바르트, 롤랑(Roland Barthes) 8~9,
24~25, 56~57, 79~80, 84
    정박(ancrage) 84
    중계(relais) 9
바타유, 조르주(Georges Bataille)
110~111
베를렌, 폴(Paul Verlaine) 138
베리 공(Jean duc de Berry) 161~162
병치법(parataxe) 141
『보여 주기』(Donner à voir) 60~61,
72~73
뷔토르, 미셸(Michel Butor) 127, 139
브루데어스, 마르셀(Marcel
Broodthaers) 179
블라종(blason) 94~95
사비냑 66~67
    ~의 반(反)포스터 82~83
    ~의 비주얼 스캔들 79
    ~의 시각적 개그 77
    ~의 이미지 수사학 77~78, 81
    ~의 포스터의 애매성 81~82
    ~의 포스터의 원리 79
삽화(illustration) 46
샤르티에, 로제(Roger Chartier) 157
슈스테르만, 로날드(Ronald
Shusterman) 10, 175
스미스, 키스(Keith A. Smith) 166
스크립토리움(scriptorium) 161
시가독성(vilisibilité) 124
시니피앙스(signifiance) 125~126, 128
시미아스(Simmias of Rhodes)
117~118
시화상합론(詩畵相合論) 20

아니, 자크(Jacques Anis) 124~125
아르데코(art deco) 66
아르침볼도, 주세페(Giuseppe
Arcimboldo) 55~57
아몽, 필립(Philippe Hamon) 7~8, 73
아폴리네르, 기욤(Guillaume
Apollinaire) 38~39, 152
    ~ 시의 음성적 효과 41~42
    시각적 서정 129, 139, 144
야콥슨, 로만(Roman Jakobson) 77
「언어와 이미지」(Les mots et les
images) 26~29
언어유희 47, 68, 78
에로티시즘 109~110
엘뤼아르, 폴(Paul Éluard) 52~53,
72~73
오토매틱 드로잉(automatic drawing)
24
울리포(OuLiPo) 118
위고, 발랑탱(Valentine Hugo) 52~55
이중분절 22
이중 프레임화(surcadrage) 104~106
인터랙티브 아트 181
자바체프, 크리스토(Christo Javacheff)
151
재리, 알프레드(Alfred Jarry) 167~168
존슨, 브라이언(Bryan Stanley Johnson)
174~176
졸리, 마르틴(Martin Joly) 7~9, 78
책
    ~의 미래 156~157
    ~의 역사 161~163
    ~의 하이퍼텍스트적 성격 177

마르셀 뒤샹과 ~ 186~187
매체로서의 ~ 188
오브제로서의 ~ 160
요람본(incunabula) 161
초현실주의적 ~ 165
초현실주의(자) 22~23, 51~52, 61~62
촉지적 시각성(haptic visuality) 98
최승호 50~51
카상드르, 아돌프 무롱(Adolphe Mouron Cassandre) 66~67
  ~의 포스터관 67
  ~의 포스터의 건축적 성격 70
  비퓌르(Bifur)체 71~72
캘리그래피(calligraphy) 101
캘리그램(calligramme) 127, 131, 152~153
  ~의 청각적 효과 42
『캘리그램』(*Calligrammes*) 39, 128~129
  ~에 대한 비판 129
  ~에서의 구두점 139~141
큐비즘(입체파) 38~39

크로노포토그래프 179~180
타이포그래피 102, 71~72
페나키스티스코프 디스크 185
페이, 세르주(Serge Pey) 41
플럭서스(Fluxus) 운동 179
플루서, 빌렘(Vilém Flusse) 177~178
피아, 파스칼(Pascal Pia) 118
피카소, 파블로(Pablo Picasso) 35~36
「필로우북」(Pillow Book)
  ~에 나타난 글쓰기 유형 109~111
  ~에 나타난 언어의 성차 92
  ~에서의 소멸 112~113
  ~에서의 에로티시즘 109
  ~에서의 육체성 97
  ~에서의 재현 101
  ~에서의 프레임 103~106
  ~에서의 플롯의 해체 106~107
  ~에서의 혼종성 110
형상시(形象時) 117~119
호라티우스(Quintus Horatius Flaccus) 20~21
활사법(ekphrasis) 8

사이 시리즈 발간에 부쳐

이화인문과학원 탈경계인문학연구단은 2007년 한국연구재단의 인문한국(HK) 지원사업에 선정되어 '탈경계인문학'을 구축하고 이를 사회적으로 확산함으로써 한국 인문학의 새로운 지평을 창출하고자 하는 프로젝트를 수행하고 있다. '탈경계인문학'이란 기존 분과학문 간의 경계를 가로지르고 넘나들며 학문 간의 유기성과 상호 소통을 강조하는 인문학이며, 탈경계 문화 현상 속의 인간과 인간 경험을 체계적으로 성찰함으로써 경계 짓기로 대립하고 갈등하는 인간과 사회를 치유하고자 하는 인문학이다.

이에 연구단은 우리의 연구 성과를 학계와 사회와 공유하고자 '사이 시리즈'를 기획하였다. 탈경계인문학의 주요 주제에 대한 전문 학술서를 발간함과 동시에 전문 지식의 사회적 확산과 대중화를 위하여 교양서를 발간하게 된 것이다. 이 시리즈는 인문학에 관심을 가진 대학생들이나 일반인들이 새로이 등장하는 인문학적 사유와 다양한 이슈들에 쉽게 다가갈 수 있도록 쓰여졌다.

오늘날 우리는 문화적 경계들이 빠르게 해체되고 재편되는 변화의 시기를 살고 있다. '사이 시리즈'는 '경계' 혹은 '사이'에서 생성되고 있는 새로운 존재와 사유를 발굴하고 탐사한 결과물이다. 우리 연구단은 독자들에게 그 결과물을 제시하고 이를 토대로 상호 소통하는 계기를 마련하고자 한다. 인문학과 타 학문, 학문과 일상, 중심부와 주변부 사이의 경계를 넘어 공존과 융합을 추구하는 사이 시리즈의 작업이 탈경계 문화 현상을 새로이 성찰하고 이분법적인 사유를 극복하여, 경계를 넘나들며 다원적이고 통합적인 시각을 만들어 나가는 출발점이 되기를 기대한다.

2012년 3월
이화여자대학교 이화인문과학원 인문한국사업단